Jürgen Hesse
Hans Christian Schrader

Testtraining
Allgemeinwissen

Eignungs- und Einstellungstests

sicher bestehen

eichborn.exakt

Die Autoren

Jürgen Hesse, Jg. 1951, Diplom-Psychologe im Büro für Berufs-strategie, Geschäftsführer der Telefonseelsorge Berlin e.V.

Hans Christian Schrader, Jg. 1952, Diplom-Psychologe im Kran-kenhaus Am Urban in Berlin.

Div. gemeinsame Veröffentlichungen, u.a.: Die perfekte Be-werbungsmappe; Neue Bewerbungsstrategien für Hochschulabsol-venten; Neue Bewerbungsstrategien für Führungskräfte; Bewer-bungsstrategien für Angestellte; Assessment Center; Die Neurosen der Chefs; Arbeitszeugnisse; VERDIENEN SIE SOVIEL, WIE SIE VER-DIENEN? (alle im Eichborn Verlag).

Anschrift der Autoren

Hesse/Schrader
Büro für Berufsstrategie
Stubenrauchstr. 10
12161 Berlin (Friedenau)
Tel. 030/851 92 06
Fax 030/851 92 61

Dieses Buch entstand unter besonderer Mitarbeit von *Johannes Minnich*, Berlin.

Eichborn GmbH & Co. Verlag KG, Frankfurt am Main, Oktober 1998
Reihenkonzeption: Christina Hucke (Umschlag), Petra Wagner (Layout)
Lektorat und Satz: Ulrich Ritter
Druck und Bindung: Clausen & Bosse, Leck
ISBN 3-8218-1533-7

Verlagsverzeichnis schickt gern:
Eichborn Verlag, Kaiserstraße 66, D-60329 Frankfurt am Main
http://www.eichborn.de

INHALT

Einleitung

Wir sind nicht auf der Welt,
um so zu sein,
wie andere uns haben wollen.

Dieser Satz ist der Leitgedanke unserer Testknacker- und Be-
werbungsstrategie-Bücher. Viele Entscheidungsträger in den
Personalabteilungen von Firmen und Institutionen sind jedoch
immer noch anderer Meinung.

Hoffnungslos überfordert von der rasant steigenden Zahl
von Bewerbern auf einen Arbeitsplatz, greifen Personalchefs
noch immer auf dubiose und in höchstem Grade unseriöse
„Eignungstests" zurück. Sie versuchen dabei, sich das Schubla-
dendenken der jeweiligen Testautoren, das zum größten Teil
noch aus der Zeit unmittelbar nach dem zweiten Weltkrieg
stammt, zunutze zu machen, in der Hoffnung, so die Spreu vom
Weizen trennen zu können.

Und so müssen sich auch heute noch unzählige Testkandi-
daten durch ein Streßritual quälen, dessen Ergebnis keinerlei
Aussagekraft für die Eignung im Berufsleben hat. Die Tester lassen uns glauben, wir müßten wissen, welche Länge ein 10-DM-
Schein hat oder wie hoch der prozentuale Anteil Deutschlands
an der Festlandsoberfläche der Erde ist, um den Anforderungen
des Arbeitsalltags gerecht zu werden; Fragen, die sie selbst oft
nie beantworten könnten, werden somit zum Auswahlkriteri-
um.

Doch so ohnmächtig, wie sie es gerne hätten (die Wiedergabe von Testinhalten gilt als Hochverrat), muß man den Personalauswählern nicht ausgeliefert sein. Rüsten Sie also auf, denn Wissen ist Macht.

Mit diesem Buch wollen wir Ihnen dabei behilflich sein.

»... feed your head«

(Jefferson Airplane, »White Rabbit« ,1967)

Zum Umgang mit diesem Buch und den Testfragen

Was ist Allgemeinwissen?

Obwohl dieses Buch speziell für das Üben von Eignungstests und für die Vorbereitung auf Bewerbungs- und Einstellungsverfahren konzipiert wurde, nimmt es eine Sonderrolle im Bereich »Testwissen« ein. Denn Allgemeinwissen stellt die Basis für jede Art von kompetenter Kommunikation dar, und mitreden zu können, hat letztendlich noch niemandem geschadet. Dieses Buch bietet Ihnen somit auch die Möglichkeit, Ihr Wissen zu komplettieren oder aufzufrischen.

Was aber ist Allgemeinwissen, und wann beginnen die Fachkenntnisse? Nicht ohne Grund haben wir den Begriff »Allgemeinwissen« um den Terminus »Basiswissen« erweitert. Allgemein- oder Basiswissen soll eine möglichst breite Grundlage,also die Basis, für alle weiteren Wissensschwerpunkte darstellen.

Das Erlernen von Spezialkenntnissen wird durch die Möglichkeit, diese in eine Art Gesamtrahmen einordnen zu können, erheblich erleichtert. Vergleichen läßt sich dies am einfachsten mit einem Puzzle: Je mehr Teile Sie identifiziert und eingepaßt haben, desto leichter wird es Ihnen fallen, sich ein Bild von den noch vorhandenen Lücken vorzustellen und dies um so einfacher, sollten diese Lücken einigermaßen gleichmäßig gestreut liegen. Mag Ihnen der Inhalt der einen oder anderen Frage auch nicht auf Anhieb sinnvoll erscheinen, so stellt er sicher im Gesamtkontext des Allgemeinwissens ein wichtiges Detail dar.

Es ist also wichtig, der Basis des Wissens eine breite Grundlage zu geben, sie soweit wie nur möglich zu streuen; die »Streufaktoren« sind die einzelnen Fachrichtungen. Wir haben uns bemüht, alle test- und kommunikationsrelevanten Themenbereiche aufzuzeigen und durch testnahe und sinnvoll ergänzende Fragen abzudecken. Wir sind uns sicher, daß Sie nach der Lektüre dieses Buches die Fähigkeit erworben haben, mehr als nur Fragen beantworten zu können.

Die Beantwortung der Einzelfragen

Die 540 Testfragen des Buches verteilen sich auf acht Themengebiete:

A. Staat, Politik (90 Fragen)
B. Gesellschaft, Wirtschaft (70 Fragen)
C. Geschichte, Religion (75 Fragen)
D. Biologie, Geographie, Astronomie (80 Fragen)
E. Chemie, Physik, Mathematik, Technik (60 Fragen)
F. Kunst, Literatur, Musik (70 Fragen)
G. Unterhaltung, Sport (40 Fragen)
H. Bedeutende Persönlichkeiten (55 Fragen)

Jeder einzelnen Frage sind vier Alternativantworten zugeordnet, von denen nur eine richtig ist. Dieses sog. »Multiple-choice-Verfahren« wird in den gängigen Testverfahren üblicherweise angewendet, da es die Auswertung sehr erleichtert (die Auswerter müssen dabei nicht einmal selber Experten sein).

In Abwandlung der üblichen Testfragen haben wir, wo es sinnvoll erschien, den Fragentext inhaltlich erweitert, so daß sowohl in der Frage selbst, wie in der dazugehörigen Antwort weiterreichende Wissensinhalte untergebracht sind (häufig sind auch den falschen Antworten korrekte Daten beigefügt). Die Lösungen finden Sie am Ende des Buches. Ausschließlich aus Gründen der Vereinfachung haben wir zumeist auf die Hinzufügung der jeweiligen weiblichen Form verzichtet (wie z. B. der/die Erfinder/-in).

Lösungsbeurteilung

Da Allgemeinwissen zumeist von Alter und Schulbildung abhängig ist, hier ein entsprechendes Schema, mit dem Sie Ihren Wissensstand selbst beurteilen können. Bei erstmaliger Bearbeitung der 540 Fragen (ohne Hilfsmittel) sollten Sie sich für ein ordentliches bis befriedigendes Ergebnis ungefähr im folgenden Rahmen bewegen:

Alter	Schulbildung		
	sonstiges	Abitur	Hochschulabschluß
unter 20	25–30% (160 Antw.)	35–40% (210 Antw.)	–
20–39	30–40% (200 Antw.)	45–55% (290 Antw.)	55–65% (330 Antw.)
40 und älter	40–50% (260 Antw.)	55–65% (330 Antw.)	65–75% (380 Antw.)

Ein gutes Ergebnis liegt vor, wenn Sie 10%, ein wirklich sehr gutes Ergebnis, wenn Sie mehr als 15% über dem obigen Wert liegen.

Das weitere Vorgehen

Es empfiehlt sich, die Themengebiete mehrmals zu bearbeiten, wobei Sie sich nicht die Nummer der jeweiligen Frage zusammen mit dem Antwortbuchstaben einprägen, sondern sich ganz auf die Inhalte der Fragen und deren Antworten konzentrieren sollten. Machen Sie sich Notizen zu den Fragen, deren Beantwortung Ihnen Schwierigkeiten bereitet. Wir haben in diesem Buch erstmalig einen Index hinzugefügt, dessen einzelne Stichworte direkt zu den zugehörigen Fragen führen. So haben Sie schnell und unkompliziert Zugriff auf die entsprechenden Inhalte. Sie werden feststellen, wie sich schon nach zwei- oder dreimaliger Bearbeitung des Buches Wissenslücken schließen lassen.

Wenn Sie meinen, daß Ihr Basis- und Allgemeinwissen ausreichend ist, empfehlen wir Ihnen, einmal einen Test unter wirklichkeitsnahen Bedingungen durchzuführen – und dazu gehört vor allem Streß. Sicherlich wird es nicht möglich sein, den Streß, dem Sie in einer Prüfungssituation ausgesetzt sind, künstlich zu Hause zu simulieren. Doch auch hierzu gibt es ein paar Tricks:

➤ Setzen Sie sich unter Druck, indem Sie einen ungünstigen Zeitpunkt für Ihren persönlichen Test auswählen, besser noch sich diesen von jemand anderem vorschreiben lassen (ungünstig einwirken können Übermüdung, gedankliche Konzentration auf für Sie momentan wichtigere Dinge o. ä.). Bedenken Sie, daß Sie den Zeitpunkt eines realen Tests meist auch nicht selbst wählen können.

➤ Verwenden Sie keine Hilfsmittel und sehen Sie nicht ins Lösungsverzeichnis, das wäre ebenfalls Selbstbetrug.

- ➤ Halten Sie die Zeitvorgabe strikt ein. 180 Minuten für die 540 Fragen sollten reichen.

- ➤ Setzen Sie sich ein hochgestecktes Ziel und sprechen Sie mit jemandem darüber, besser noch, Sie wetten darauf.

- ➤ Lassen Sie das Ergebnis, wenn möglich, von einer zweiten Person auswerten, so daß die Möglichkeit besteht sich zu blamieren.

- ➤ Nehmen Sie Ihren persönlichen Test ernst.

Nicht ganz ernst gemeint hingegen ist der angefügte »Härtetest«, der etwas zur Auflockerung des ansonsten eher trockenen Testmetiers beitragen soll. Doch auch hier können Sie auf interessante und unterhaltsame Informationen stoßen.

In diesem Sinne: Viel Erfolg!

DIE THEMENGEBIETE

A. Staat, Politik

1. Von wem wird der Bundespräsident der Bundesrepublik
   Deutschland gewählt?
   a) vom Bundestag
   b) vom Bundesrat
   c) von der Bundesversammlung
   d) direkt vom Volk

2. Wofür wurde das Schengener Abkommen geschlossen?
   a) Ethische Kontrollinstanz bei Genversuchen
   b) Einführung des Euro
   c) Abbau der Grenzkontrollen innerhalb der EU
   d) Koordinierung der Funkfrequenzen im Flugverkehr

3. Die Staatsform der Bundesrepublik Deutschland nennt
   man ...
   a) bundesstaatliche Präsidialdemokratie
   b) Volksdemokratie
   c) föderale Präsidialrepublik
   d) demokratisch-parlamentarischer Bundesstaat

4. Von wem werden in Deutschland Gesetze verabschiedet?
   a) vom Bundespräsidenten
   b) vom Bundestag

c) vom Bundesrat

d) vom Bundeskanzler

5. Wer löste Ludwig Erhard als Bundeskanzler ab?
   a) Willy Brandt
   b) Helmut Kohl
   c) Kurt-Georg Kiesinger
   d) Helmut Schmidt

6. Wie war die Abkürzung der Vorläuferorganisation der EU?
   a) ETA
   b) EFTA
   c) EG
   d) COMECON

7. Wie lautet die Bezeichnung für das Parlament der USA?
   a) Senat
   b) Kongreß
   c) Oberhaus
   d) Duma

8. Wie lange dauert im Normalfall eine Legislaturperiode in Deutschland?
   a) 3 Jahre
   b) 4 Jahre
   c) 5 Jahre
   d) 7 Jahre

9. Welches Gericht übt keine Strafjustiz aus?
   a) Landgericht
   b) Amtsgericht
   c) Oberlandesgericht
   d) Bundesverfassungsgericht

10. Welcher Staat ist nicht NATO-Mitglied?
    a) Schweiz
    b) Luxemburg
    c) Türkei
    d) Portugal

11. Von wem wird in den USA der Präsident gewählt?
    a) direkt vom Volk
    b) durch Wahlmänner
    c) vom Senat
    d) vom Kongreß

12. Wer diskutiert und verabschiedet den Haushalt in der Bundesrepublik Deutschland?
    a) der Bundestag
    b) das Finanzministerium
    c) der Bundesrat
    d) das Bundeskabinett

13. Was ist ein konstruktives Mißtrauensvotum?
    a) Abwahl des Bundespräsidenten durch Zweidrittelmehrheit der Bundesversammlung
    b) Abbruch der diplomatischen Beziehungen zu einem Staat
    c) Abwahl des Bundeskanzlers bei gleichzeitiger Neuwahl seines Nachfolgers durch den Bundestag
    d) Verweigerung der Zustimmung zu einer Gesetzesvorlage durch ein Regierungsmitglied

14. Wann trat das Grundgesetz der Bundesrepublik Deutschland in Kraft?
    a) Mai 1949
    b) Mai 1945

c) Mai 1948

d) Mai 1955

15. Was ist die ILO?

a) ein internationaler Ölkonzern

b) ein Militärbündnis

c) eine Wirtschaftsorganisation

d) eine internationale Arbeitsorganisation

16. Wo befindet sich der Sitz des Bundesverfassungsgerichtes?

a) Bonn

b) Karlsruhe

c) Heidelberg

d) Berlin

17. Welches Ministerium ist in Deutschland nicht auf Bundesebene vertreten?

a) Wirtschaft

b) Verkehr

c) Kultur

d) Verteidigung

18. Wie lautet der Name des israelischen Parlaments?

a) Talmut

b) Sanhedrin

c) Medinat

d) Knesset

19. Welche Person ist traditionell für die Eröffnung der jeweils ersten Bundestagssitzung einer Legislaturperiode zuständig?

a) Bundespräsident

b) Fraktionsvorsitzender der größten Partei

c) wird per Los ermittelt

d) Alterspräsident

20. Wie viele Bundesländer hat die Bundesrepublik Deutschland?
    a) 10
    b) 12
    c) 16
    d) 18

21. Wie bezeichnet man den Zusammenschluß von Abgeordneten einer im Parlament vertretenen Partei?
    a) Koalition
    b) Fraktion
    c) Opposition
    d) Kabinett

22. Wofür steht die Abkürzung KSZE?
    a) Kommunist.-Sozialist. Zentralorgan/Einheitspresse
    b) Kinderschutzzentrum in Europa
    c) Konferenz für Sicherheit und Zusammenarbeit in Europa
    d) Kommission zur Sicherstellung von Zielen der Ethik

23. Bei welchem Amt wird ein neugeborenes Kind angemeldet?
    a) Standesamt
    b) Ordnungsamt
    c) Einwohnermeldeamt
    d) Regierungspräsidium

24. In welchem Jahr wurde die DM eingeführt?
    a) 1945

b) 1948
c) 1950
d) 1949

25. Was bedeutet die Abkürzung »ai«?
    a) amnesty international
    b) anything illegal
    c) automatisch intervenieren
    d) airmail

26. Wie heißt das höchste Organ der Rechtsprechung in Deutschland?
    a) Bundesverwaltungsgericht
    b) Bundesgerichtshof
    c) Bundesverfassungsgericht
    d) Generalstaatsanwaltschaft

27. Was versteht man unter Gewaltenteilung?
    a) Trennung der Funktionen von Gesetzgebung, Rechtsprechung und Verwaltung in einem Staat oder Gemeinwesen
    b) Einteilung einer Armee in verschiedene Waffengattungen
    c) einen Begriff aus dem Eherecht
    d) die Prozedur bei Tarifverhandlungen

28. Was versteht man unter einem Hammelsprung?
    a) Aufkündigung einer Koalition
    b) Übergabe der Entlassungsurkunde für einen Minister durch den Bundespräsidenten
    c) Abstimmungsverfahren mit »Ja-« und »Nein-Türen«
    d) Unterbrechung einer Bundestagsrede durch Zwischenruf

29. Welches Merkmal ist mit einer demokratischen Grundordnung unvereinbar?
    a) Teilung der Staatsgewalt
    b) unabhängige Gerichtsbarkeit
    c) Recht auf Notwehr
    d) Pressezensur

30. Wer wählt den Bundestagspräsidenten?
    a) Bundesrat
    b) Bundesversammlung
    c) Bundestag
    d) Bundesverfassungsgericht

31. Welcher deutsche Bundeskanzler erhielt den Friedensnobelpreis?
    a) Konrad Adenauer
    b) Helmut Schmidt
    c) Kurt-Georg Kiesinger
    d) Willy Brandt

32. Wie heißt die Stadt, in der sich der Sitz des Europarates befindet?
    a) Brüssel
    b) Straßburg
    c) Luxemburg
    d) Amsterdam

33. In welchem Jahr wurde die Bundeswehr gegründet?
    a) 1949
    b) 1950
    c) 1956
    d) 1960

34. Wie bezeichnet man das Bündnis mehrerer Parteien zur Regierungsbildung?
    a) Koalition
    b) Fraktion
    c) Lobby
    d) Sektion

35. Daß Rassismus in Deutschland strafbar ist, beruht auf ...
    a) einer Auflage durch die Nürnberger Prozesse nach Beendigung des Zweiten Weltkriegs
    b) einer Bedingung der UNO für die Zustimmung zur Wiedervereinigung
    c) einem gemeinsamen Gesetz zwischen Kirche und Staat
    d) Artikel 3 (3) des Grundgesetzes, demzufolge niemand wegen seines Geschlechtes, seiner Abstammung, seiner Rasse, seiner Sprache, seiner Heimat und Herkunft, seines Glaubens [...] benachteiligt oder bevorzugt werden darf

36. Wie lange ist eine Amtszeit des Bundespräsidenten in Deutschland?
    a) 3 Jahre
    b) 4 Jahre
    c) 5 Jahre
    d) 6 Jahre

37. Wie nennt man die totalitäre Überbetonung nationalen Denkens?
    a) Patriotismus
    b) Faschismus
    c) Populismus
    d) Fundamentalismus

38. Wie viele Amtssprachen gelten in der Schweiz?
    a) 4
    b) 2
    c) 3
    d) 1

39. Was bedeutet Föderalismus?
    a) zentrale Regierungsgewalt
    b) staatliche Eingriffe in einzelne Wirtschaftssektoren
    c) Zusammenfassung einzelner Staaten in einem Bundes-
       staat
    d) Wirtschaftsbündnis souveräner Staaten

40. Was versteht man unter dem sogenannten passiven Wahl-
    recht?
    a) die Möglichkeit der Briefwahl
    b) die Möglichkeit, selbst gewählt zu werden
    c) die Möglichkeit, im Ausland wählen zu können
    d) die Wahlausübung durch einen Vormund

41. Wie heißt die Verpflichtung zur einheitlichen Stimmabga-
    be innerhalb einer Fraktion?
    a) Politkonsens
    b) Fraktionsprotektionismus
    c) Parteisolidarität
    d) Fraktionszwang

42. Welcher Staat ist eine parlamentarische Monarchie?
    a) Irland
    b) Spanien
    c) Estland
    d) Tschechien

43. Wo liegt das Hauptbetätigungsfeld eines Kommunalpolitikers?
   a) in seiner Gemeinde
   b) in seinem Bundesland
   c) in seinem Regierungsbezirk
   d) bundesweit

44. Inwiefern beeinflußte der Belgier Victor d'Hondt (1841-1901) die Zusammensetzung des Deutschen Bundestages?
   a) Er setzte vor dem Europäischen Gerichtshof das Verhältniswahlrecht durch.
   b) Nach einem von d'Hondt entwickelten Prinzip wurden bis 1987 die Parlamentssitze nach dem Verhältnis der abgegebenen Stimmen auf die Parteien verteilt.
   c) Er erfand die Zweitstimme.
   d) Auf ihn geht die Einführung der Wahlkreise zurück.

45. Die Grundrechte der Verfassung Deutschlands sind ...
   a) mittelbar geltendes Recht
   b) unverbindlich geltendes Recht
   c) sozial bindendes Recht
   d) unmittelbar geltendes Recht

46. Welches Bundesministerium wurde Ende 1997 ersatzlos aufgelöst?
   a) Auswärtiges Amt
   b) Bundesministerium für Gesundheit
   c) Bundesministerium für Post und Telekommunikation
   d) Bundesministerium für Verkehr

47. Was versteht man unter einer politischen Lobby?
   a) eine Interessensgruppe zur Beeinflussung von Abgeordneten

b) ein parteipolitisches Organ

c) das höchste Gremium einer Partei

d) die turnusmäßige Zusammenkunft der Fraktionsvorsit-
   zenden

48. Wer hat in den USA die höchste Gerichtsbarkeit inne?

a) der Präsident

b) der Kongreß

c) der Supreme Court

d) das Pentagon

49. Was versteht man unter einer Sperrklausel bei Wahlen?

a) Nichtwählbarkeit von vorbestraften Kandidaten

b) Mindestprozentzahl von Wahlstimmen, um ins Parlament zu gelangen

c) Mindestanteil von Frauen in Wählerlisten von Parteien

d) Mindestanteil von Wirtschaftsfachleuten im Parlament

50. Was bedeutet Jurisdiktion?

a) Kulturhoheit an Universitäten

b) Gesetzgebung

c) Verwaltung

d) Rechtsprechung

51. Wo befindet sich der Sitz der Deutschen Bundesbank?

a) Stuttgart

b) Dresden

c) Frankfurt am Main

d) Düsseldorf

52. Was versteht man unter Populismus?

a) hohe Beliebtheit

b) opportunistisch-vereinfachender Politikstil

c) durch Volksbegehren erzwungene Politik

d) Basisdemokratie

53. Was ist die Immunität eines Abgeordneten?
   a) hohe Widerstandskraft bei Denunzierungsversuchen
   b) Weisungsunabhängigkeit
   c) verfassungsrechtlich garantierter Schutz vor Strafverfolgung
   d) Nichtteilnahme an einer Vertrauensabstimmung im Parlament, wenn diese einen Widerspruch zwischen Parteiloyalität und Gewissen hervorrufen würde

54. Wann erlangt man in Deutschland das aktive Wahlrecht?
   a) mit dem vollendeten 18. Lebensjahr
   b) mit dem vollendeten 21. Lebensjahr
   c) mit dem vollendeten 16. Lebensjahr
   d) automatisch ab der Geburt

55. Wie lautet die Inschrift über dem Portal des Reichstagsgebäudes in Berlin?
   a) Die Diener des Volkes
   b) Einigkeit und Recht und Freiheit
   c) Dem Deutschen Volke
   d) Auferstanden aus Ruinen

56. Nach der Verabschiedung durch den Bundestag muß ein Gesetz ausgefertigt werden, um inkrafttreten zu können; von wem?
   a) vom Justizminister
   b) vom Vorsitzenden des Bundesverfassungsgerichtes
   c) vom Bundeskanzler
   d) vom Bundespräsidenten

57. Was sind Schöffen?
   a) juristische Berater bei der Gesetzgebung
   b) Mitarbeiter im Justizministerium
   c) ehrenamtliche Laienrichter
   d) Vorsitzende in Kommunalparlamenten

58. Welches Bundesorgan setzt sich ausschließlich aus Vertretern der Länderregierungen zusammen?
   a) der Bundestag
   b) die Bundesversammlung
   c) der Bundesrat
   d) die Bundesregierung

59. Was ist die WHO?
   a) Welthandelsorganisation
   b) Weltgesundheitsorganisation
   c) Organisation zum Schutz der Wale
   d) Internationale Wohnungsbauorganisation

60. Welche Funktion hat bei der Bundestagswahl die Zweitstimme?
   a) Wahl der Landesliste einer Partei
   b) Wahlvollmacht für Ehemann/-frau
   c) Wahl des Kandidaten aus dem Wahlkreis
   d) Koalitionsvorschlag zur Erststimme

61. Welche Institution verbirgt sich hinter der Bezeichnung »House of Lords«?
   a) das gesamtbritische Parlament
   b) das englische Oberhaus
   c) der Sitz des Premierministers
   d) ein gemeinsames Gremium von Krone und Regierung

62. Was ist das Pentagon?
   a) UN-Gremium für die Genehmigung von Militärein-
      sätzen
   b) die amerikanische Regierung
   c) NATO-Oberbefehl
   d) US-Verteidigungsministerium

63. Die Verbindung mehrerer Gesetzesvorschläge, die im Par-
    lament zusammen behandelt werden, nennt man ...
   a) Fusion
   b) Junktim
   c) Courtage
   d) Consensus

64. Welches Recht gilt als Grundrecht?
   a) Arbeitsrecht
   b) Mietrecht
   c) Bürger- und Menschenrecht
   d) Eherecht

65. Wer hat in Deutschland die oberste Befehlsgewalt über die
    Polizei?
   a) die Innenminister der Länder
   b) der Bundeskanzler
   c) der Verteidigungsminister
   d) der Bundesratspräsident

66. Was sind die Aufgaben des Bundesrats?
   a) Verabschiedung des Haushaltes
   b) Wahl der Bundesminister
   c) Vertretungsgremium Deutschlands bei der UNO
   d) Mitwirkung der Länder bei Gesetzgebung und Verwal-
      tung des Bundes

67. Ein verfassungsmäßig zustande gekommenes Volksbegehren nennt man?
   a) Quotation
   b) Referendum
   c) Konsortium
   d) Konvention

68. Wo befindet sich der Sitz des internationalen Gerichtshofes?
   a) Den Haag
   b) New York
   c) Wien
   d) Rom

69. Was versteht man unter Imperialismus?
   a) Globalisierung der Weltwirtschaft unter der Führung von einzelnen internationalen Konzernen
   b) Militäraktion eines Staates gegen einen zweiten
   c) Bestrebung eines Staates, seinen Machtbereich auszudehnen, ohne dabei auf die Belange anderer Staaten Rücksicht zu nehmen
   d) Einschränkung der Grundrechte in einem Staat

70. Wem gegenüber ist in Deutschland laut Gesetz ein Abgeordneter verantwortlich?
   a) seiner Partei
   b) dem Regierungschef
   c) dem Bundespräsidenten
   d) seinem Gewissen

71. Was ist die UNESCO?
   a) UN-Organisation für Erziehung, Wissenschaft und Kultur

b) UN-Organisation für industrielle Entwicklung

c) Weltpostverein

d) UN-Organisation zum Artenschutz

72. Welche Steuer muß ein Arbeitnehmer in Deutschland auf jeden Fall entrichten?

a) Umsatzsteuer

b) Lohnsteuer

c) Quellensteuer

d) Gewerbesteuer

73. Welches Amt ist in einer Kommunalverwaltung unerläßlich?

a) Ordnungsamt

b) Pfarramt

c) Postamt

d) Verkehrsamt

74. Was bedeutet bilateral?

a) vom Vatikan beschlossen

b) wirtschaftliche Neutralität

c) wechselseitige Beziehungen zweier Staaten

d) Zahlungsunfähigkeit eines Staates

75. Was besagt der Artikel 1 (1) des Grundgesetzes der Bundesrepublik Deutschland?

a) Das deutsche Gemeinwesen ist höchstes zu schützendes Gut. Dafür einzutreten ist oberste Pflicht aller Deutschen.

b) Das Deutsche Volk verpflichtet sich stets zum Frieden in der Welt.

c) Die Bundesrepublik Deutschland ist ein demokratischer Staat.

d) Die Würde des Menschen ist unantastbar. Sie zu achten und zu schützen ist Verpflichtung aller staatlichen Gewalt.

76. Welches ist das flächenmäßig größte Bundesland?
a) Mecklenburg-Vorpommern
b) Niedersachsen
c) Bayern
d) Nordrhein-Westfalen

77. Was ist die Aufgabe der Bundesversammlung?
a) Wahl des Bundespräsidenten
b) Ernennung des Bundeskanzlers
c) Entlassung der Regierung
d) Entscheidung über Einsätze des Bundesgrenzschutzes

78. Was bedeutet CIA?
a) Center for International Affairs
b) Central Intelligence Agency
c) Capability to International Access
d) Chicago International Airport

79. Was ist die UNICEF?
a) UN-Entwicklungsfond für Frauen
b) Welthandelsorganisation
c) Weltgesundheitsorganisation
d) Weltkinderhilfswerk

80. Wer sind die Tories?
a) Angehörige des spanischen Parlamentes
b) Mitglieder der britischen konservativen Partei
c) UN-Kontrolleure in Krisengebieten
d) volkstümliche Bezeichnung für die Regierung der USA

81. Wozu ist man als Staatsangehöriger der Bundesrepublik Deutschland nicht verpflichtet?
    a) zu wählen
    b) zum Schulbesuch
    c) sich beim Einwohnermeldeamt registrieren zu lassen
    d) ein Schöffenamt wahrzunehmen

82. Wie viele Einwohner hat ungefähr die Bundesrepublik Deutschland?
    a) 110 Millionen
    b) 80 Millionen
    c) 50 Millionen
    d) 60 Millionen

83. Wer wählt den Bundeskanzler in der Bundesrepublik Deutschland?
    a) der Bundesrat
    b) das Volk
    c) die Bundesversammlung
    d) der Bundestag

84. Wie nennt man den Grundsatz der Nichteinmischung in fremde Angelegenheiten?
    a) Pazifismus
    b) Pluralismus
    c) Neutralismus
    d) Generalismus

85. Hat man in der Bundesrepublik Deutschland durch den Besitz von Eigentum auch soziale Pflichten?
    a) Nein, diese sind durch das Zahlen von Steuern beglichen.
    b) Ja, denn Artikel 14 (2) des Grundgesetzes besagt, daß Ei-

gentum verpflichtet. Sein Gebrauch soll zugleich dem Wohle der Allgemeinheit dienen.

c) Ja, ab einer gewissen Größe wird der Staat Teilhaber des Eigentums.

d) Nein, dies würde dem Gedanken der freien Entfaltung widersprechen.

Was Sie sonst noch wissen sollten

86. Wer ist der gegenwärtige Generalsekretär der UNO?

87. Wie heißt der Vizepräsident der USA?

88. Wer ist Regierungschef Frankreichs?

89. Wie lautet der Name des Ministerpräsidenten der Volksrepublik China?

90. Wie heißt der Regierungschef Großbritanniens?

B. Gesellschaft, Wirtschaft

1. Wie nennt man die Kennziffer für die Entwicklung des Kursdurchschnitts der wichtigsten Aktiengesellschaften?
   a) Aktiva
   b) Skala
   c) Aktienindex
   d) Currenta

2. Was versteht man unter dem Begriff »Hausse«?
   a) Ansteigen der Börsenkurse wegen starker Nachfrage
   b) starker Kurseinbruch in Asien
   c) Staatsbankrott wegen Zahlungsunfähigkeit
   d) hausgemachte Inflation

3. Wie lautet der Name für das Wirtschaftssystem der Bundesrepublik Deutschland?
   a) demokratische Volkswirtschaft
   b) verbrauchsorientierte Staatswirtschaft
   c) kontrollierter Wirtschaftsliberalismus
   d) soziale Marktwirtschaft

4. Was ist ein Pfandbrief?
   a) eine festverzinzliche Schuldverschreibung
   b) Abtretungserklärung von Wertpapieren
   c) Bankhypothek
   d) Überlassungsurkunde eines Pfandleihhauses

5. Was versteht man unter dem Bruttosozialprodukt?
   a) Ausdruck aus der Wirtschaftspsychologie

b) Meßgröße für das Steueraufkommen

c) Etat des Ministeriums für Arbeit

d) Meßgröße für die Gesamtleistung einer Volkswirtschaft

6. Wofür steht die Bezeichnung »IWF«?
   a) Interessensverband für weltweiten Freihandel
   b) Industrial Wealth Foundation
   c) Internationaler Währungsfonds
   d) Internationale Wirtschaftsföderation

7. Was ist das Gemeinsame von Mineralöl-, Branntwein- und Versicherungssteuer?
   a) Ökoabgaben
   b) Vergnügungssteuern
   c) Konsolidierungsabgaben
   d) reine Bundessteuern

8. Was versteht man unter Dividende?
   a) ein Störmanöver am Aktienmarkt
   b) den jährlich anfallenden Anteil vom Reingewinn einer Aktie
   c) die Zinsen, die bei einem Sparkonto anfallen
   d) den Höchststeuersatz in Deutschland

9. Wie bezeichnet man die Provision eines Börsenmaklers?
   a) Courtage
   b) Obligation
   c) Meritum
   d) Salär

10. Was sind Subventionen?
    a) Schutzzölle
    b) indirekte Steuern

c) staatliche Zuschüsse

d) Unternehmenssteuern

11. Was versteht man unter »Mobbing«?

a) übertriebenen Sauberkeitswahn am Arbeitsplatz

b) stark karriereorientiertes Handeln

c) ruinösen Verdrängungswettbewerb

d) gezielt rücksichtsloses Verhalten ggb. Arbeitskollegen

12. Wie wird das im Wechselkurs zum Ausdruck kommende Austauschverhältnis zwischen verschiedenen Währungen bezeichnet?

a) Kursiva

b) Parität

c) Compositae

d) Devisen

13. Was ist die OPEC?

a) Organisation erdölexportierender Länder

b) Gremium zur Festsetzung der Wechselkurse innerhalb des EWS

c) Organisation für wirtschaftliche Zusammenarbeit

d) lateinamerikanisches Wirtschaftsbündnis

14. Was versteht man unter Investition?

a) staatlichen Eingriff in Wirtschaftsvorgänge

b) einen zinsgünstigen Kredit

c) starke Geldentwertung

d) Überführung von Finanzkapital in Sachkapital

15. Was ist ein Trust?

a) US-amerikanische Aktieneinheit

b) Zusammenschluß von Unternehmen zum Zweck der

Marktbeherrschung

c) Überlassung von Kapital auf Vertrauensbasis

d) erwartete Kapitalsteigerung

16. Wofür steht die Bezeichnung »Xetra«?
    a) Bonuszuschlag auf die Dividende
    b) die Tokioter Börse
    c) ein elektronisches Börsenhandelssystem
    d) Abschlagszahlung im Devisenhandel

17. Was versteht man unter der Liquidität eines Unternehmens?
    a) seine Zahlungsfähigkeit
    b) seine Auflösung
    c) seine hohe Flexibilität am Markt
    d) seine Kreditwürdigkeit

18. Wie heißt die bekannteste Straße im Finanzzentrum New Yorks?
    a) Union Street
    b) Wall Street
    c) Piccadilly Circus
    d) Regent Street

19. Wie bezeichnet man das Gewicht der Verpackung einer Ware?
    a) Tara
    b) Netto
    c) Brutto
    d) Kollo

20. Was versteht man unter Autarkie?
    a) Echtheit von Wertpapieren

b) wirtschaftliche Unabhängigkeit

c) Erreichen einer Rekordmarke am Aktienindex

d) Börsenkollaps

21. Der Überschuß auf der Soll- oder Habenseite einer Bilanz heißt ...

a) Insolvenz

b) Manko

c) Profit

d) Saldo

22. Wann wird eine Währung als frei konvertierbar bezeichnet?

a) wenn man weltweit damit bezahlen kann

b) wenn sie ohne Beschränkung in andere Währungen überführt werden kann

c) wenn sie straffrei außerhalb des Landes gebracht werden darf

d) wenn die Banknoten leicht zu fälschen sind

23. Der Eigentümer einer Aktie hat ein Anrecht auf ...

a) seine Tantiemen

b) seine Provision

c) seine Zinsen

d) seine Dividende

24. Was versteht man unter Rendite?

a) die Relation von Gewinn und Einsatz in der Wirtschaft

b) den Gewinn im Devisenhandel

c) den Jahresertrag eines angelegten Kapitals

d) ein risikofreies Bankgeschäft

25. Die Einziehung fälliger Finanzforderungen nennt man ...

a) Inkasso

b) Injunktion

c) Income

d) Effektivität

26. Wie heißt ein bereits unterschriebener aber noch nicht aus-
gefüllter Scheck?

a) Euroscheck

b) Blankoscheck

c) Verrechnungsscheck

d) ungedeckter Scheck

27. Wie wird in der Buchführung ein Schuldner bezeichnet?

a) Cunctator

b) Debitor

c) Säumer

d) Insolventor

28. Eine gesetzlich definierte Handlungsvollmacht ist eine ...

a) Validität

b) Fiskus

c) Omnipotenz

d) Prokura

29. Was sind die Pflichten eines Betriebsrates?

a) den Betrieb nach außen zu repräsentieren

b) die Geschäftsleitung vor Wirtschaftsentscheidungen zu
beraten

c) die Anliegen der Belegschaft zu vertreten

d) die Firmenleitung vor dem Arbeitsgericht zu unterstüt-
zen

30. Die wirtschaftliche und rechtliche Verschmelzung von Unternehmen nennt man ...

a) Fusion

b) Conclusion

c) Union

d) Konzentration

31. Welches besondere Merkmal kennzeichnet eine Inflation?

a) positives Preis-Leistungsverhältnis von Gütern

b) deutliche Erhöhung der umlaufenden Geldmenge gegenüber dem äquivalenten Warenumlauf

c) sehr günstige Zinssätze am Rentenmarkt

d) äußerst stabile Lohnentwicklung

32. Unter welche Bezeichnung fallen frei ausgehandelte Lohnabschlüsse zwischen Arbeitgebern und Gewerkschaften?

a) Normativa

b) Sozialausgleich

c) Karenzverträge

d) Tarifautonomie

33. Wofür steht »ASEAN«?

a) größtes Telekommunikationsunternehmen Asiens

b) Bezeichnung für aus Asien importierte Waren

c) Verband Südostasiatischer Staaten

d) gemeinsame Währung in Indochina

34. Was ist der Lombardsatz?

a) Zinsfuß, den eine Notenbank bei der Übernahme von Wechseln fordert

b) von der Notenbank festgesetzter Zinssatz bei der Verpfändung von Wertpapieren

c) Schlußdeklaration des ersten europäischen Wirtschaftsgipfels nach dem Zweiten Weltkrieg in der Lombardei

d) Gebühr, die eine Bank für Devisengeschäfte verlangt

35. Die Erklärung eines ohne Erfolg gepfändeten Schuldners über den Bestand seines Vermögens nennt man...
    a) Gütertrennung
    b) Konkurs
    c) Vergleich
    d) Offenbarungseid

36. Wie heißt die Interessenvertretung der Wirtschaft gegenüber der Politik?
    a) Deutscher Industrie- und Handelstag
    b) Berliner Wirtschaftsforum
    c) Deutsche Wirtschafts- und Handelskammer
    d) Deutsches Unternehmensgremium

37. Was ist das Nettogewicht einer Ware?
    a) das Gewicht zum Zeitpunkt der Verpackung
    b) das Gesamtgewicht
    c) das Gewicht ohne Verpackung
    d) das Gewicht ohne jeglichen Wasseranteil

38. Was versteht man unter Rezession?
    a) staatliche Einflüsse auf Unternehmensentscheidungen
    b) die Verschlechterung der wirtschaftlichen Lage
    c) starke Geldentwertung
    d) Kapitalflucht ins Ausland

39. Was ist die wichtigste Aufgabe einer Kartellbehörde?
    a) Vergabe von Frequenzen für TV-Sender
    b) Verurteilung von Steuersündern
    c) die Einziehung von Zollgebühren
    d) die Unterbindung wettbewerbsverzerrender Absprachen oder Zusammenschlüsse von Unternehmen

40. Wie nennt man das Verhältnis des Wertes einer Währungseinheit zum Goldwert?

a) Wechselkurs

b) Diskont

c) Goldparität

d) Floating

41. Was bedeutet »Skonto«?

a) Nachlaß auf den Kaufpreis bei Barzahlung innerhalb eines festgesetzten Zeitlimits

b) Konto, bei dem kein Barverkehr möglich ist

c) Preisnachlaß bei Abnahme großer Mengen

d) Säumniszuschlag nach Mahnbescheid wegen ausstehender Zahlungen

42. Was ist eine Hypothek?

a) Standortnachteil am Markt

b) Recht an Grundstücken, Häusern o.ä. zur Absicherung einer Geldforderung

c) hochverzinster Kredit

d) Devisengeschäft mit nur schwer kalkulierbaren Risiken

43. Wer schrieb »Das Kapital«?

a) Ludwig Erhard

b) Clara Zetkin

c) Karl Marx

d) Hermann Schulze-Delitzsch

44. Was ist das Kennzeichen eines Erbhofes?

a) er kann nicht verpachtet werden

b) er wird nach dem Tod des Eigentümers Staatsbesitz

c) er ist unteilbar

d) er ist unverkäuflich

45. Was versteht man unter einer »konzertierten Aktion«?
   a) die Gründung eines Konzerns
   b) eine abgestimmte Vorgehensweise unterschiedlicher Gremien in Wirtschaft und Politik
   c) die Konzentration von Konzernen gleicher Branchen in einer Region
   d) die Vergabe einer Konzession für ein Gewerbe

46. Wie nennt man den land- und forstwirtschaftlichen Besitz des Staates?
   a) Agrarzone
   b) Latifundien
   c) öffentlich-rechtliche Güter
   d) Domäne

47. Was ist der »Club of Rome«?
   a) lockere Verbindung von Industriellen und Wissenschaftlern zur Darstellung der »Lage der Menschheit«
   b) in Rom gegründete Kommission zur Bekämpfung der Mafia
   c) das turnusmäßige Treffen der EU-Wirtschaftsminister in Rom
   d) der Zusammenschluß der größten Medienanstalten Europas mit Sitz in Rom

48. Wie lautet der Fachbegriff für Zwangsverwaltung?
   a) Expropriation
   b) Formalismus
   c) Sequestration
   d) neurotische Exekutive

49. Was versteht man unter Protektionismus?
   a) freiwillige Verpflichtung der Tarifpartner für moderate

Lohnsteigerungen

b) außenhandelspolitisches Instrumentarium zum Schutz der heimischen Wirtschaft vor ausländischer Konkurrenz

c) Schirmherrschaft des Staates über ein bestimmtes Unternehmen

d) staatlich angeordneter Einsatz eines Treuhänders

50. Wofür steht die Bezeichnung GATT?

a) Allgemeines Zoll- und Handelsabkommen zum Abbau von Handelsbeschränkungen

b) Generelles Abkommen für treuhänderische Tätigkeiten

c) Vertrag zur Regulierung der Fangquoten im internationalen Fischfang

d) grundsätzliche und allg. Testamentsteuer-Taxierung

51. Wer sind die »Fünf Weisen«?

a) die fünf führenden deutschen Wirtschaftsinstitute

b) die Wirtschaftsrepräsentanten der fünf Kontinente bei der UNO

c) die fünf weltweit anerkanntesten Wirtschaftswissenschaftler

d) fünf Professoren des Sachverständigenrates in Deutschland zur Begutachtung der gesamtwirtschaftlichen Entwicklung

52. Was versteht man unter der Friedenspflicht?

a) der Verzicht von Staaten auf einen Handelskrieg bei wirtschaftlichen Differenzen

b) das Streikverbot für bestimmte Berufsgruppen

c) die Verpflichtung der Tarifparteien, während laufender Tarifverhandlungen keine Arbeitskampfmaßnahmen durchzuführen

d) ein Abkommen, das bestimmten Konzernen untersagt, Rüstungsgüter zu produzieren

53. Wer ist in Deutschland berechtigt, Banknoten zu drucken und in Umlauf zu bringen?
a) die Deutsche Bank
b) der Zentralbankrat
c) die Deutsche Bundesbank
d) die Landeszentralbank

54. Wie nennt man den bargeldlosen Zahlungsverkehr von Banken?
a) Rententransfer
b) Giroverkehr
c) Aktienmarkt
d) Wechselverkehr

55. Wann ist der Erwerb einer Immobilie rechtswirksam?
a) bei Eintrag ins Grundbuch
b) nach Abzahlung der vollen Erwerbssumme
c) mit dem Zahlungsbeginn der Grundstücksteuer
d) mit der Kaufunterschrift

56. Wofür steht »Dow Jones«?
a) für einen explosionshaften Kursanstieg des US-Dollars
b) für den Namen der Londoner Börse
c) für die amerikanische Brokervereinigung
d) für den Aktienindex von 30 ausgewählten Wertpapieren an der New Yorker Börse

57. Die von einem Kreditnehmer zu zahlenden Kosten für einen Kredit nennt man ...
a) Dividende

b) Zinsen

c) Hypothek

d) Prämie

58. Was versteht man unter dem Begriff »Wirtschaftsliberalismus«?

a) den generellen Markt in Freihandelszonen

b) einen weltweiten Buchhandel ohne jegliche Zensur

c) die Idee, daß sich der Markt vollkommen frei und ohne staatliche Eingriffe entwickeln sollte

d) ein Konsumverhalten, das sich ausschließlich an persönlichen Begierden orientiert

59. Wo befindet sich der Sitz der Weltbank?

a) Paris

b) New York

c) Rio de Janeiro

d) Washington, D. C.

60. Unter einem Konsortium versteht man...

a) einen temporären Zweckverband von eigenständigen Unternehmen zur Durchführung risikoreicher Geschäfte

b) eine staatliche Kommission, die das Abfließen von Kapital in Steueroasen verhindern soll

c) die Zusammenarbeit verschiedener Mafiagruppierungen zum Zwecke der globalen Marktbeherrschung

d) das Wirtschaftsgremium der Kardinäle unter Vorsitz des Papstes zur Regelung der finanziellen Angelegenheiten des Vatikans

61. Was bedeutet »Copyright«?

a) britisches und US-amerikanisches Urheberrecht auf

Sachen und geistige Produkte
b) das Recht, Schriften ohne Konzessionszahlungen kopieren zu dürfen
c) die Lizenz, einen Kopierladen zu betreiben
d) die Genehmigung der Plattenindustrie zum Sampeln bestimmter Musikstücke

62. Was versteht man unter Akkordlohn?
   a) Entlohnung nach der Netto-Arbeitszeit, also ohne Pausen
   b) Lohn, der sich an Leistung/Stückzahlen orientiert
   c) flexible, an Alter und Berufserfahrung angelehnte Entlohnung
   d) jede übertariflich bezahlte Arbeit

63. Was ist die paritätische Mitbestimmung?
   a) das Mitbestimmungsrecht von Gewerkschaften und Arbeitgeberorganisationen am Finanz- und Sozialhaushalt der Bundesregierung
   b) die gleiche Anzahl von Gewerkschaftsmitgliedern und Arbeitgebern in Tarifkommissionen
   c) das Mitbestimmungsrecht von Eltern- und Lehrervertretungen bei der Gestaltung von Lehrplänen
   d) die zahlenmäßig gleichstarken Vertretungen von Arbeitgebern und Arbeitnehmern in Aufsichtsratgremien in kohle- und stahlverarbeitenden Unternehmen mit mehr als 1000 Mitarbeitern

64. Was versteht man unter »Brainstorming«?
   a) die sehr rasche Abwanderung von Wissenschaftlern und Forschern ins Ausland
   b) eine Vorgehensweise, bei der spontane Einfälle zu einer Problemlösung führen sollen

c) die Beratung eines Unternehmens durch spezielle Innovationstrainer

d) ein Verfahren, mit dem durch Ausschluß aller äußeren Reize höchste Kreativität erzeugt werden soll

65. Wer legt die Höhe der Aufwandsentschädigungen (Diäten) der Abgeordneten in deutschen Parlamenten fest?

a) die Bundesbank

b) ein gemeinsamer Ausschuß aller Parteivorsitzenden

c) die Abgeordneten selbst durch Mehrheitsbeschluß

d) das Bundesfinanzministerium

Was Sie noch wissen sollten

66. Wie heißt der DGB-Vorsitzende?

67. Welches Ressort nimmt zur Zeit in Deutschland den größten Etat ein?

68. Wer ist der Vorsitzende des DIHT?

69. Wie lautet der Name des Bundesarbeitsministers?

70. Wie stark ist gegenwärtig ungefähr das Währungsverhältnis von Euro zu US-Dollar?

C. Geschichte, Religion

1. Wann erfolgte die Proklamation der Menschen- und Bürgerrechte in Frankreich?
   a) 1776
   b) 1789
   c) 1815
   d) 1871

2. Wie lautet der Titel des höchsten Würdenträgers des tibetischen Buddhismus?
   a) Nehru
   b) Avalokiteshvara
   c) Dalai Lama
   d) Bodhisattva

3. Von wann bis wann existierte die DDR?
   a) 1945-1989
   b) 1950-1990
   c) 1948-1989
   d) 1949-1990

4. Der Niedergang des spanischen Weltreiches begann mit ...
   a) der Vernichtung der spanischen Flotte 1588
   b) der Unabhängigkeitserklärung Kolumbiens
   c) den Erbstreitigkeiten im spanischen Herrscherhaus
   d) der Schlacht bei Waterloo

5. Mit der Flucht Mohammeds von Mekka nach Medina beginnt die islamische Zeitrechnung; wann fand dies nach

unserer Zeitrechnung statt?
a) 518 v. Chr.
b) 333 v. Chr.
c) 622 n. Chr.
d) 723 n. Chr.

6. Wer war der erste Bundeskanzler der BR Deutschland?
a) Theodor Heuss
b) Gustav Stresemann
c) Otto Grotewohl
d) Konrad Adenauer

7. Welcher römische Kaiser trat als erster zum Christentum
über?
a) Marcus Aurelius
b) Konstantin
c) Diokletian
d) Augustinus

8. Was waren die »Konföderierten Staaten von Amerika«?
a) Bund der 7 von den USA abgefallenen Südstaaten
b) lockerer Zusammenschluß der USA, Kanadas und Mexikos im 19. Jh.
c) Staatenbund der lateinamerikan. Staaten 1918-1931
d) ursprüngliche Bezeichnung Kanadas nach der Unabhängigkeitserklärung

9. Wie hießen in der ständischen Ordnung des Mittelalters
die Angehörigen der städtischen Oberschicht?
a) Welfen
b) Senatoren
c) Patrizier
d) Medici

10. Was bedeutet Monotheismus?
    a) der Glaube, daß einzig die Natur die Geschicke der Menschen bestimmt
    b) der Glaube, daß nur auf der Erde Leben existieren darf
    c) Sammelbezeichnung für alteuropäische Religionen, bei denen Monolithe als sakrale Kult- und Versammlungsorte dienten
    d) der Glaube, daß es nur einen Gott gibt, der alle Attribute und Charakteristika des Göttlichen in sich vereinigt

11. Wann fand die offizielle Abkehr vom Stalinismus in der damaligen UdSSR statt?
    a) 1956/57
    b) 1949
    c) 1988
    d) 1961

12. Wer war die »heilige Johanna«?
    a) polnische Märtyrerin, die das Christentum gegen die Hunnen verteidigte
    b) Jeanne d'Arc, französische Heerführerin gegen die Engländer im Hundertjährigen Krieg
    c) Jeanne d'Albret, französische Königin, die 1562 die Reformation in Frankreich einführte
    d) die Schwester von Maria Magdalena im Neuen Testament

13. Wie hieß der erste Präsident der USA?
    a) Abraham Lincoln
    b) Theodore Roosevelt
    c) George Washington
    d) Thomas Jefferson

14. Welcher Nationalität war Christopher Kolumbus?

a) Portugiese

b) Italiener (Genuese)

c) Spanier (Katalane)

d) Franzose (Monegasse)

15. Was war der »Gang nach Canossa«?

a) der Protestmarsch Ciceros mit weiteren Senatoren in Norditalien, um auf die Justizwillkür im römischen Reich aufmerksam zu machen

b) die Wanderung Johannes des Täufers durch die Wüste Sinai

c) die Alpenüberquerung von Hannibal 217 v. Chr. nach Cannae

d) der Bußgang Heinrich IV., bei dem er durch persönliche Erniedrigung 1077 die Lossprechung vom päpstlichen Bann erreichte

16. Wann endete in Europa der Zweite Weltkrieg?

a) Dezember 1945

b) August 1945

c) Mai 1945

d) Januar 1946

17. In welcher Religion sind die Gottheiten Brahma, Shiva und Vishnu von größter Bedeutung?

a) im Hinduismus

b) im Taoismus

c) im Buddhismus

d) im Jainismus

18. Wer zerstörte Karthago 146 v. Chr.?

a) die Araber

b) die Römer

c) die Phöniker

d) die Griechen

19. Wann fand der Erste Weltkrieg statt?
   a) 1911-1917
   b) 1905-1909
   c) 1913-1919
   d) 1914-1918

20. Was haben Judentum, Islam und Christentum nicht gemeinsam?
   a) sie sind Schriftreligionen
   b) in allen drei spielt Abraham eine bedeutende Rolle
   c) sie sind monotheistische Religionen
   d) sie besitzen ein gemeinsames Gesetzeswerk zur Religionsausübung

21. In welchem Jahrhundert fand die Reformation statt?
   a) im 18. Jahrhundert
   b) im 16. Jahrhundert
   c) im 14. Jahrhundert
   d) im 15. Jahrhundert

22. Wie heißt die Urkunde, mit der 1215 in England dem Königtum zugunsten des Klerus, des Adels und nichtfeudaler Gruppen Vorrechte abgenötigt wurden?
   a) Declaration of Human Rights
   b) Common Order
   c) Magna Charta
   d) Bill of Rights

23. Wann erfolgte die Unabhängigkeitserklärung der USA?

a) 1815

b) 1798

c) 1785

d) 1776

24. Wann endete der Vietnamkrieg?

a) April 1975

b) Februar 1974

c) September 1978

d) Dezember 1977

25. Wie hieß der skrupellose spanische Konquistador, der im Jahr 1521 die Aztekenhauptstadt Tenochtitlán (Mexiko) eroberte?

a) Hernán Cortés

b) Emiliano Zapata

c) Francisco Pizarro

d) Simón Bolívar

26. Die Entente cordiale, eine Beistandsabsprache, wurde 1904 geschlossen zwischen ...

a) Deutschland und Österreich-Ungarn

b) Frankreich und Großbritannien

c) Rußland und Frankreich

d) Großbritannien und Rußland

27. Welche deutschen Politiker wurden 1919 nach dem Spartakusaufstand ermordet?

a) Käthe Niederkirchner und Friedrich Meineke

b) Ernst Bebel und Clara Zetkin

c) Franz Mehring und Ernst Thälmann

d) Rosa Luxemburg und Karl Liebknecht

28. Wie lautete der ursprüngliche Name des Begründers des Buddhismus?
    a) Zarathustra
    b) Laotse
    c) Siddharta Gautama
    d) Rama-Chandra

29. Wann war der Bau der Mauer in Berlin?
    a) 13. August 1961
    b) 4. April 1963
    c) 17. Juni 1953
    d) 3. Oktober 1961

30. Wie lautete der offizielle Name des Ersten Deutschen Reiches?
    a) Imperium Germanicum
    b) Deutsches Kaiserreich
    c) Heiliges Römisches Reich Deutscher Nation
    d) Großdeutsches Reich

31. Der von Friedrich List 1819 gegründete »Deutsche Handels- und Gewerbeverein« war der Vorläufer für ...
    a) das deutsche Gewerkschaftswesen
    b) den deutschen Zollverein
    c) das deutsche Kolonialwesen
    d) den deutschen Sparkassenverein

32. In welchem Jahr entdeckte Kolumbus Amerika?
    a) 1503
    b) 1498
    c) 1458
    d) 1492

33. Was ist die Scharia?
    a) die Kleidung eines Imams
    b) das heilige Gesetz des Islams
    c) die Kopfbedeckung moslemischer Frauen
    d) islamisches Fest am Ende des Ramadans

34. Wofür steht die Bezeichnung »Märzrevolution«?
    a) für die mexikanische Revolution, die 1910 ausbrach
    b) für eine bürgerliche Revolution in Österreich 1918, durch welche die Monarchie beseitigt wurde
    c) für revolutionäre Vorgänge in deutschen Staaten und in Österreich zur Durchsetzung bürgerlicher Grundrechte und der Bauernbefreiung 1848
    d) für die erste Phase der französischen Revolution 1789

35. Welcher deutsche Kaiser erhielt seinen Beinamen wegen seines Bartes?
    a) Otto II., der Rote
    b) Friedrich III., der Schöne
    c) Ruprecht von der Pfalz
    d) Friedrich I., Barbarossa

36. Was war die Reconquista?
    a) die Rückeroberung der von den Mauren besetzten iberischen Halbinsel durch christliche Heere
    b) die katholische Gegenbewegung zur Reformation
    c) die Eroberung Mittel- und Südamerikas durch die Spanier
    d) die Krönung der deutschen Kaiser im Mittelalter

37. Was geschah in der Schlacht am Little Big Horn?
    a) vernichtende Niederlage der Engländer gegen das amerikanische Unabhängigkeitsheer 1786

b) Vernichtung der US-Kavallerie unter General Custer durch von Crazy Horse und Sitting Bull geführte Indianerarmeen 1876

c) Sieg der Engländer gegen die Spanier 1773, was die Abtretung von Texas und Kalifornien an England zur Folge hatte

d) letzte Schlacht zwischen den Indianern und der US-Armee 1890, die zu einer verheerenden Niederlage der Indianer führte und deren Freiheitskampf endgültig beendete

38. Wann fand in Rußland die Oktoberrevolution statt?
a) 1917
b) 1914
c) 1919
d) 1901

39. Wer war der Initiator zur Gründung des Deutschen Reiches 1871?
a) Bülow
b) Hindenburg
c) Bismarck
d) Stresemann

40. Was war der »Lange Marsch«?
a) Migration der Westgoten von Italien zur iberischen Halbinsel bei der Völkerwanderung im 4. und 5. Jh.
b) Auszug der Israeliten aus Ägypten um 1200 v. Chr.
c) Zug der chinesischen Roten Armee unter Mao Zedong nach Schensi 1934/35
d) Deportation der Indianer in den USA in Reservate Ende des 19. Jh.

41. Unter welchem Namen ging der Ehemann von Nofretete, Amenophis IV., in die Geschichtsannalen ein?
    a) Imhotep
    b) Echnaton
    c) Ramses
    d) Tutanchamun

42. Wie lautet die Bezeichnung für die 114 Abschnitte des Korans?
    a) Suren
    b) Schahadas
    c) Sunnas
    d) Schias

43. Von wem ist der Satz überliefert, Politik sei die Kunst des Möglichen?
    a) Otto Fürst von Bismarck
    b) Harry S. Truman
    c) Konrad Adenauer
    d) Winston Churchill

44. Welcher Präsident der USA mußte 1974 wegen der Watergate-Affäre zurücktreten?
    a) Gerald Ford
    b) Lyndon B. Johnson
    c) Richard Nixon
    d) Jimmy Carter

45. Wofür steht der Begriff »Morgenländisches Schisma«?
    a) für die Errichtung des Königreichs Jerusalem durch die Kreuzritter 1099
    b) für die Eroberung Konstantinopels durch die Osmanen 1453

c) für die Einrichtung des Christentums als römische Staatskirche 380

d) für die Trennung der morgenländischen von der abendländischen Kirche 1054

46. Wer leitete den gescheiterten Attentatsversuch gegen Hitler am 20. Juli 1944?
a) Claus Graf Schenk von Stauffenberg
b) Carl Friedrich Goerdeler
c) die Geschwister Sophie und Hans Scholl
d) Phillipp Scheidemann

47. Wann wurde das Attentat auf John F. Kennedy verübt?
a) 22. November 1963
b) 11. Oktober 1965
c) 13. September 1961
d) 30. November 1964

48. Was war der »Prager Frühling«?
a) der Vertrag zur friedlichen Auflösung der Tschechoslowakei am 1. Januar 1993
b) Bezeichnung für den Versuch Alexander Dubčeks 1968, in der damaligen CSSR einen »menschlichen Sozialismus« aufzubauen
c) die Gründung der Tschechoslowakei im Oktober 1918
d) die Ereignisse zu Beginn des Böhmischen Aufstandes 1618

49. Wie starb Gajus Julius Caesar 44 v. Chr.?
a) Er fiel auf seinem letzten Feldzug gegen die Gallier bei Lutetia.
b) Er ertrank im Nil während eines Besuches bei Kleopatra in Ägypten.

c) Er fiel einer Verschwörung zum Opfer und wurde im römischen Senat ermordet.

d) Er kam beim Ausbruch des Vesuvs in Pompeji ums Leben.

50. Welcher Präsident der USA beendete den amerikanischen Sezessionskrieg zugunsten der Nordstaaten und schaffte die Sklaverei weitestgehend ab?
    a) Jefferson
    b) Lincoln
    c) Washington
    d) Roosevelt

51. Die Forderungen der Französischen Revolution hießen ...
    a) Freiheit, Gleichheit, Brüderlichkeit
    b) Frieden, Freiheit, Wohlstand
    c) Demokratie, Frieden, Gerechtigkeit
    d) Einigkeit und Recht und Freiheit

52. Wie hieß der 1968 ermordete amerikanische Bürgerrechtler, der mit seiner Vision von einer friedlichen Rassenintegration (»I have a dream«) von sich reden machte?
    a) Malcolm X
    b) Sun Ra
    c) Elija Muhammad
    d) Martin Luther King

53. Wann und wo wurde Karl der Große zum Kaiser gekrönt?
    a) 814 in Aachen
    b) 796 in Konstantinopel
    c) 800 in Rom
    d) 802 in Ravenna

54. Was war der »Sechs-Tage-Krieg«?
   a) die Invasion der USA auf der Karibikinsel Grenada 1983
   b) 3. Israelisch-Arabischer Krieg im Juni 1967, den Israel
      siegreich beendete
   c) der Überfall deutscher Truppen auf die Benelux-Staaten
      im Zweiten Weltkrieg
   d) die Besetzung Äthiopiens durch die ital. Armee 1936

55. Wie war der Name des indischen Freiheitskämpfers, der mit
   seiner Methode des gewaltlosen Widerstandes im Jahre
   1947 wesentlich zur Unabhängigkeit Indiens beigetragen
   hat?
   a) Jawaharlal »Pandit« Nehru
   b) Roy »Swami« Shankara
   c) Mohandas Karamchand »Mahatma« Gandhi
   d) Achmed Sukarno

56. Wann fand der Wiener Kongreß zur politischen Neuord-
   nung Europas statt?
   a) 1814/15
   b) 1945
   c) 1871
   d) 1918

57. Was war die Schlacht bei Waterloo?
   a) Niederlage Preußens gegen die Schweden im Dreißig-
      jährigen Krieg 1633
   b) letzte Schlacht im amerikanischen Bürgerkrieg im April
      1865, die mit der Niederlage der Südstaatenarmee unter
      General Lee endete
   c) 3-jähriger Stellungskampf im Ersten Weltkrieg zwischen
      Frankreich und Deutschland ohne nennenswerte Ge-
      ländegewinne 1915-1918

d) Entscheidungsschlacht der Befreiungskriege am 18. Juni 1815, in der Napoleon von den Koalitionsarmeen endgültig besiegt wurde

58. Wie lautet der Ausdruck für die göttliche Offenbarung (mosaisches Gesetz) in der jüdischen Religion?
a) Thora
b) Bundeslade
c) Gemara
d) Jom Kippur

59. Welcher europäische Staat hat seit 1815 keinen Krieg geführt?
a) Finnland
b) Schweiz
c) Österreich
d) Dänemark

60. Wofür steht die Bezeichnung »Killing Fields«?
a) für die Minenfelder, die nach dem Bürgerkrieg in Angola zurückblieben
b) für den Ort am Wounded Knee Creek, an dem 1890 mehr als 400 Sioux-Indianer einem Massaker der US-Armee zum Opfer fielen
c) für die Massengräber in Kambodscha, wo während der Schreckensherrschaft von Pol Pot 1975-77 ca. 1 Million Menschen durch Hunger und Exekutionen ums Leben kamen.
d) für die englische Bezeichnung der ehemaligen innerdeutschen Grenzanlagen

61. Wann war der Fall der Mauer in Berlin?
a) 3. Oktober 1990

b) 9. November 1989

c) 1. Juli 1990

d) 7. Oktober 1989

62. Was versteht man im Buddhismus unter »Nirwana«?

a) den Idealzustand, bei dem eine vollständige Ruhe im Nicht-Bedingtsein und Nicht-Begehren herrscht

b) den achtfachen edlen Pfad der Tugenden als Basis der Lebenspraxis

c) eine tiefe meditative Versenkung, bei der eine höhere Bewußtseinsebene erreicht werden soll

d) die Bezeichnung für Leiden und Unzulänglichkeit als Symptome des »ständigen Werdens«

63. Wie hieß der Anführer der Nationalisten und Gegner Mao Zedongs im chinesischen Bürgerkrieg 1945-49?

a) Chou En-lai

b) Kuo-min-tang

c) Deng Xiaoping

d) Chiang Kai-shek

64. Er zerstörte 587 v. Chr. Jerusalem, deportierte die jüdische Bevölkerung, baute das Mardukheiligtum wieder auf und vollendete seinen Stufenturm. Wer ist gemeint?

a) der Perserkönig Darius I., der Große

b) der assyrische Fürst Sanherib

c) der ägyptische Herrscher Ramses III.

d) der babylonische König Nebukadnezar II.

65. Was war die »Weimarer Republik?«

a) Name des Thüringischen Staates 1868-71

b) inoffizielle Bezeichnung der in Weimar gegründeten DDR, im Gegensatz zur »Bonner Republik« BRD

c) die nach der Stadt Weimar als erstem Sitz der National-versammlung benannte Epoche in Deutschland von 1919 bis 1933

d) von Goethe in Weimar erdachte Vision eines idealen So-zialstaates

66. Wie nennt man die Wallfahrt gläubiger Moslems nach Mekka?

a) Hadsch

b) Ibada

c) Zakat

d) Ramadan

67. Was hatte der Versailler Vertrag vom 28. Juni 1919 zum In-halt?

a) die Charta zur Gründung des Völkerbundes

b) die Bedingungen für Deutschland zur Beendigung des Ersten Weltkrieges und Definition verschiedener Re-greßforderungen zur deutschen Kriegsschuld

c) die Verabschiedung der Statuten des Internationalen Roten Kreuzes

d) die Erklärung zum deutsch-französischen Aussöh-nungsabkommen

68. Wann begann mit dem Überfall Deutschlands auf Polen der Zweite Weltkrieg?

a) 14. März 1939

b) 4. Dezember 1938

c) 10. Mai 1940

d) 1. September 1939

69. Wer hatte in seinen Staatsreformplänen die Idee der kom-munalen Selbstverwaltung?

a) Gerhard Johann David von Scharnhorst
b) Franziska Reichsgräfin von Hohenheim
c) Heinrich Friedrich Karl Reichsfreiherr vom und zum Stein
d) Karl Wenzeslaus Rodecker von Rotteck

70. Was war die »Kubakrise«?

a) die Vernichtung der spanischen Flotte vor Santiago de Cuba 1898 durch die USA als Reaktion auf die Explosion des US-Kriegsschiffes »Maine«
b) die den Weltfrieden gefährdende Situation, ausgelöst durch die Stationierung sowjetischer Mittelstreckenraketen auf Kuba 1962
c) die gescheiterte Landung von Exilkubanern mit Unterstützung des CIA in der Schweinebucht auf Kuba 1961
d) der Einzug der Armee Fidel Castros in Havanna am 1. Januar 1959

71. Wann fand der Dreißigjährige Krieg statt?

a) 1707-1737
b) 1534-1564
c) 1682-1712
d) 1618-1648

72. Wofür steht im Christentum der Ausdruck »Golgatha«?

a) ursprünglich für »Schädelstätte«; für Christen ist es der Ort der Kreuzigung Jesu
b) für das Felsengrab, in dem Jesus bestattet wurde
c) für den Weg, auf dem Jesus schließlich das Kreuz tragen mußte
d) für den Namen des Ortes, an dem Jesus zum Himmel emporstieg

73. Welche Politiker handelten das Potsdamer Abkommen aus?
    a) Churchill, de Gaulle, Truman
    b) de Gaulle, Roosevelt, Stalin
    c) Churchill, Stalin, Truman
    d) de Gaulle, Molotow, Roosevelt

74. Was war der Auslöser für den Kriegseintritt der USA gegen Japan im Zweiten Weltkrieg?
    a) die japanische Invasion in China 1940/41
    b) die Besetzung Hongkongs durch die japanische Armee am 25. Dezember 1941
    c) der japanische Überfall auf den amerikanischen Flottenstützpunkt Pearl Harbor am 7. Dezember 1941 ohne vorherige Kriegserklärung
    d) die Unterzeichnung des deutsch-japanischen Beistandsabkommens 1940

75. Zu welchem Zweck trat die Frankfurter Nationalversammlung am 18. Mai 1848 in der Paulskirche zu Frankfurt am Main zusammen?
    a) zur Wahl des Deutschen Kaisers
    b) um die Reaktionen auf die Märzrevolution zu beschließen
    c) zur Begrüßung des Papstes bei dessen Besuch in Deutschland
    d) um eine gesamtdeutsche Verfassung zu entwerfen und einen deutschen Nationalstaat zu schaffen

D. Biologie, Geographie, Astronomie

1. Welcher Kontinent hat die meisten Bewohner?
   a) Afrika
   b) Europa
   c) Asien
   d) Amerika

2. Was ist ein Ökosystem?
   a) der Name für Einrichtungen, in denen seltene Dinge der Tier- und Pflanzenwelt gemeinsam betrachtet werden können
   b) in der Pharmaindustrie das Labor, in dem die Inhaltsstoffe von Heilpflanzen unter sterilsten Bedingungen analysiert werden
   c) die amtliche Bezeichnung für Gebiete, in denen die Natur allerhöchsten Schutzbestimmungen unterliegt
   d) eine Einheit, die aufgrund der Wechselwirkung von belebter und unbelebter Natur existiert und somit ein konstantes System bildet

3. Welcher Gebirgszug trennt Asien von Europa?
   a) der Ural
   b) die Karpaten
   c) der Kaukasus
   d) das Pamir-Gebirge

4. Wo befindet sich das Hauptlaichgebiet der europäischen Flußaale?
   a) im Mittelmeer

b) in der Nordsee

c) in der Ostsee

d) in der Sargassosee

5. Was ist der Hauptbestandteil der Sonne?

   a) Neon

   b) Wasserstoff

   c) Uranium

   d) Helium

6. Was bewirkt der Vorgang der Photosynthese?

   a) die Anpassung des Auges an Veränderungen der Licht-
      stärke

   b) das Abspeichern von visuellen Eindrücken im Unterbe-
      wußtsein

   c) die Umwandlung von physischer Energie (Licht) in che-
      mische Energie (Materie) im Blattgrün der Pflanzen

   d) die Anpassung von Tieren an die Umgebung durch farb-
      liche Veränderungen ihrer Haut

7. Wie heißt die Hauptstadt der Schweiz?

   a) Schwyz

   b) Bern

   c) Zürich

   d) Genf

8. Die Stadt Istanbul wird durch eine Meerenge in einen europäischen und einen asiatischen Teil getrennt. Wie lautet
   der Name dieser Meerenge?

   a) Dardanellen

   b) Isthmus von Byzanz

   c) Kalmar-Sund

   d) Bosporus

9. Welches Lebewesen ist für die Übertragung des Malaria-Erregers auf den Menschen verantwortlich?
   a) die Anopheles-Mücke
   b) die Hausratte
   c) die Tsetse-Fliege
   d) der Fadenwurm

10. Wie heißt die Hauptstadt Australiens?
    a) Canberra
    b) Melbourne
    c) Adelaide
    d) Sydney

11. Im Jahr 1971 wurde nach einem indisch-pakistanischen Krieg der damalige Ostteil vom Westteil Pakistans politisch getrennt. Unter welchem Namen wurde Ostpakistan ein souveräner Staat?
    a) Myanmar
    b) Sri Lanka
    c) Bangladesch
    d) Kaschmir

12. Eine maßgebliche Veränderung der Form oder der Erbanlagen eines Organismus bezeichnet man als ...
    a) Variation
    b) Selektion
    c) Modifikation
    d) Mutation

13. Was ist ein Stalaktit?
    a) ein in der Medizin gebräuchliches Hörrohr zum Abhorchen der Herztöne
    b) ein Tropfstein, der von oben nach unten wächst

c) ein schneckenartiges Fossil aus der Kreidezeit

d) ein Tropfstein, der von unten nach oben wächst

14. Was sind Enzyme?

a) hormonähnliche Verbindungen, die in der Nebenniere gebildet werden und das Auslösen der Geburtswehen verursachen

b) die medizinische Bezeichnung der Milchzähne

c) in lebenden Zellen gebildete besondere Proteine, die biochemische Reaktionen beschleunigen, ohne sich dabei selbst zu verändern

d) chemische Verbindungen, die in der Hirnrinde gebildet werden und das Speichern von Informationen im Gehirn ermöglichen

15. Das geschichtlich bedeutende Zweistromland zwischen Euphrat und Tigris heißt ...

a) Sinai

b) Macedonien

c) Katalonien

d) Mesopotamien

16. Wieviel Liter Blut hat normalerweise ein erw. Mensch?

a) 8-9 l

b) 5-6 l

c) 3-4 l

d) 9-10 l

17. Wie ist der Name für die Südspitze Südamerikas?

a) Cape Canaveral

b) Kap der guten Hoffnung

c) Kap Horn

d) Südkap

18. Was ist Chinin?
    a) eine südamerikanische Hasenmausart, die wegen ihres wertvollen Felles als Pelzlieferant dient
    b) der Baustoff für das Körperskelett der Insekten und Krebstiere
    c) die ethnologische Bezeichnung für einen Angehörigen der chinesisch-tibetischen Völkergruppen
    d) ein Alkaloid, das in der Chinarinde enthalten ist, schmerzlindernd und fiebersenkend wirkt und als Mittel gegen Malaria benutzt wird

19. Welches ist das/die tiefstgelegene Meer/See der Erde?
    a) das Rote Meer
    b) das Schwarze Meer
    c) das Tote Meer
    d) der Aralsee

20. Wie viele Chromosomen besitzt die menschliche Zelle?
    a) 32
    b) 58
    c) 46
    d) 38

21. Wie heißt die Hauptstadt Brasiliens?
    a) Brasilia
    b) Buenos Aires
    c) Montevideo
    d) Rio de Janeiro

22. Wie viele Zähne hat normalerweise das menschliche Gebiß?
    a) 28
    b) 32

c) 40

d) 38

23. Welcher Punkt der Erde ist am weitesten von der mittleren Höhe des Meeresspiegels (Normalnull) entfernt?
   a) der Gipfel des Mount Everest
   b) der Nordpol
   c) die Sohle des Marianengrabens
   d) der Südpol

24. Welche Tiere haben Facettenaugen?
   a) Schlangen
   b) Insekten
   c) Fledermäuse
   d) Fische

25. Wie viele bekannte Planeten besitzt unser Sonnensystem?
   a) 13
   b) 8
   c) 12
   d) 9

26. Was ist ein Virus?
   a) genetisches Material, das von einer Proteinhülle umgeben ist, keinen eigenen Stoffwechsel besitzt und daher nicht eindeutig als Lebewesen definiert werden kann
   b) kleinstes bekanntes Lebewesen, das als Schmarotzer seinem Wirt (Mensch, Tier) großen Schaden zufügen kann
   c) einzelliger Mikroorganismus, der sich durch Teilung vermehrt und sowohl in belebter als auch unbelebter Umgebung vorkommt
   d) mikroskopisch kleiner Krankheitserreger, der sich hauptsächlich im menschlichen Darm ansiedelt

27. Welcher ist der längste Fluß der Erde?

   a) der Nil

   b) der Amazonas

   c) der Mississippi

   d) der Jangtsekiang

28. Welches Tier hat sein natürliches Verbreitungsgebiet nicht in der Arktis?

   a) der Eisbär

   b) der Moschusochse

   c) der Pinguin

   d) der Polarfuchs

29. Wie heißt die zwischen 1903 und 1914 erbaute Wasserstraße, die den Atlantischen und den Pazifischen Ozean miteinander verbindet?

   a) Suezkanal

   b) Transamerikakanal

   c) Canal du Midi

   d) Panamakanal

30. Welcher der folgenden Staaten grenzt nicht ans Schwarze Meer?

   a) Bulgarien

   b) Rußland

   c) Tschechien

   d) Türkei

31. Was versteht man unter der Blutgruppe des Menschen?

   a) die Unterscheidung des Blutes im Blutkreislauf zwischen dem vom Herzen kommenden und dem zum Herz rückfließenden Blut

   b) die genetisch bedingten Charakteristika des Blutes, die

auf bestimmten, individuellen Oberflächeneigenschaften, besonders bei den roten Blutkörpern beruhen

c) die Einteilung des Blutes in die wichtigsten Hauptbestandteile

d) die wissenschaftlich umstrittene Methode, Menschenrassen nach deren Blutzusammensetzung zu benennen

32. Bei welcher Stadt fließt die Elbe in die Nordsee?
    a) Hamburg
    b) Cuxhaven
    c) Heiligenhafen
    d) Bremerhaven

33. Wo befindet sich im menschlichen Körper das Gleichgewichtsorgan?
    a) im Kleinhirn
    b) hinter der Stirn
    c) im Rückenmark
    d) im Innenohr

34. Woher stammt der Name »Firmament«?
    a) von der falschen Annahme in der Antike, daß die Himmelskörper an einem Himmelsgewölbe, das sich um die Erde dreht, befestigt (firm) seien
    b) er geht auf das Wort »Firnis« (Schutzanstrich) zurück; die Gallier waren der Ansicht, daß die Funktion des Himmels eine Art Schutzmantel für die Erde sei
    c) von dem Wort »Firmung«, einem katholischen Sakrament zur Glaubensfestigung und dem Glauben, daß alles Heilige im Himmel existiert
    d) aus Altägypten; die Ägypter glaubten, daß alles Irdische und Überirdische von den Göttern wie in einem Handwerksbetrieb (Firma) im Himmel bearbeitet würde

35. Was ist die Tundra?
    a) eine Eiswüstenlandschaft, die ganzjährig von Schnee und Eis bedeckt ist
    b) die Hochgebirgslandschaft, die oberhalb der Baumgrenze liegt
    c) eine baumlose Kältesteppenlandschaft
    d) eine Sandwüstenlandschaft, die ständig von Wanderdünen durchzogen wird

36. Was versteht man unter Ornithologie?
    a) Fachrichtung der Medizin, die sich mit der Behandlung von Geschwüren befaßt
    b) Vogelkunde
    c) Insektenkunde
    d) bei Alkoholkranken die Art von Psychose, die durch Alkoholentzug entsteht

37. Was ist der Hauptbestandteil der Luft?
    a) Sauerstoff
    b) Wasserstoff
    c) Ozon
    d) Stickstoff

38. Was sind die Hauptmerkmale von Tiefdruckwetterlagen?
    a) niedrige Schäfchenwolken, trockene Luft und gute Fernsicht
    b) niedriger Luftdruck, in gemäßigten Regionen mit feucht-kühlem Wetter
    c) in Mitteleuropa Wetterlagen mit vorherrschender Windrichtung aus Südost
    d) starker, als drückend empfundener Luftdruck, der sich in psychischen Tiefs bemerkbar machen kann

39. Wie heißt das Meer, in welches die Donau mündet?
    a) Nordsee
    b) Mittelmeer
    c) Schwarzes Meer
    d) Baltische See

40. Was ist eine Zyklone?
    a) Substanzen, die wegen ihrer blockierenden Wirkung auf Wachstum und Vermehrung der Zellen in der Krebstherapie eingesetzt werden
    b) ein kleines, grillenähnliches Insekt
    c) die nach der Verschmelzung zweier geschlechtlich differenzierter Fortpflanzungszellen entstandene Zelle mit doppeltem Chromosomensatz
    d) meteorologische Bezeichnung für ein Tiefdruckgebiet

41. Was ist unabdingbar für die Existenz eines Lebewesens?
    a) Sauerstoff
    b) Stoffwechsel
    c) Sonnenlicht
    d) Fortbeweglichkeit

42. Welche ist die größte Insel der Erde?
    a) Kalimantan (Borneo)
    b) Madagaskar
    c) Grönland
    d) Neuguinea

43. Was versteht man unter Hämoglobin?
    a) Blutfarbstoff, bestehend aus einem eisenhaltigen Farbträger (Hämochromogen) und einem Eiweißkörper (Globin)
    b) krankhaft erweiterte Adern im Mastdarmbereich des

Menschen infolge von Bindegewebsschwäche

c) Ansammlung von Blut in Muskulatur, Bindegewebe oder Gelenken auf Grund von Verletzungen

d) chemisches oder biologisches Blutgift, das die roten Blutkörperchen nachhaltig schädigt und zerstört

44. Welcher ist der größte Planet unseres Sonnensystems?
a) Saturn
b) Neptun
c) Venus
d) Jupiter

45. Von wem wurde der Mt. Everest (Chomolungma) erstmalig bestiegen?
a) Heinrich Harrer / Fritz Bechthold, 1941
b) Reinhold Messner / Arved Fuchs, 1974
c) Maurice Herzog / Louis Lachenal, 1950
d) Tensing Norgay / Edmund Hillary, 1953

46. Wo steht die Sonne am 21. Juni im Zenit?
a) am nördlichen Wendekreis
b) am Äquator
c) am südlichen Wendekreis
d) am Südpol

47. Was sind Antibiotika?
a) natürlich oder synthetisch produzierte Wirkstoffe, die andere Mikroorganismen in ihrer Entwicklung hemmen oder abtöten können
b) Abwehrstoffe, die im Blutserum gebildet werden und das Eindringen fremder Eiweißkörper bekämpfen
c) medizinisch eingesetzte Mittel, die die Gerinnungsfähigkeit des Blutes mindern oder verzögern sollen

d) Viren, die in Bakterien eindringen, um dort ihr Erbmaterial zu reproduzieren

48. Wie groß ist die mittlere Entfernung der Erde zur Sonne?
    a) ca. 8 Millionen km
    b) ca. 290 Millionen km
    c) ca. 150 Millionen km
    d) genau 1 Lichtjahr (9,46 Billionen km)

49. Wie heißt das innere Ohr?
    a) Trommelfell
    b) Ohrtrompete
    c) Ohrmuschel
    d) Labyrinth

50. Wie heißt das Gebirge, das am Rhein dem Taunus gegenüberliegt?
    a) Harz
    b) Eifel
    c) Teutoburger Wald
    d) Hunsrück

51. Welches dieser Tiere gehört nicht zu den Säugetieren?
    a) Delphin
    b) Krokodil
    c) Fledermaus
    d) Tapir

52. Die Insel Korsika gehört politisch zu ...
    a) Frankreich
    b) Italien
    c) Spanien
    d) Griechenland

53. Was ist »Thyroxin«?
   a) das Hormon, das in der Schilddrüse produziert wird
   b) eine in der Medizin eingesetzte chemische Verbindung, die im Thymianöl enthalten ist und keimtötend wirkt
   c) ein Immunorgan bei Mensch und Wirbeltieren mit den Funktionen der Produktion von Lymphozyten sowie der Wachstumsregulierung des Körpers
   d) das bereits in geringen Dosen tödliche Gift der Klapperschlange

54. Welcher Staat liegt vollständig in den Pyrenäen?
   a) Monaco
   b) San Marino
   c) Andorra
   d) Liechtenstein

55. Wie hoch ist der prozentuale Anteil des Festlandes an der Erdoberfläche?
   a) 52%
   b) 29%
   c) 71%
   d) 43%

56. Was sind Hormone?
   a) biochemische Stoffe, die durch Drüsen oder Gewebe ins Blut abgegeben werden und dadurch die Funktionen anderer Organe steuern
   b) proteinhaltige Körperflüssigkeiten mit eigenem Kreislaufsystem zur Unterstützung des Stoffaustausches im Gewebe
   c) Flüssigkeiten, die im Muskelgewebe nach dessen Überbeanspruchung entstehen und das Gefühl des Muskelkaters verursachen

d) Magen- und Darmsekrete, die für die Verdauung und
   Aufspaltung der Nahrung notwendig sind

57. Welcher der folgenden Staaten grenzt nicht an die Bundesrepublik Deutschland?
    a) Slowenien
    b) Tschechien
    c) Belgien
    d) Luxemburg

58. Was ist eine Galaxie?
    a) ein Planet mit den um ihn kreisenden Monden
    b) die um eine Achse rotierenden Überreste einer Sternenexplosion
    c) die Bezeichnung für ein größeres Sternensystem
    d) ein Bereich von extrem dichter Masse, aus dem wegen der gewaltigen Gravitationskraft kein Licht entweicht

59. Welches Tier trifft man normalerweise nicht in Asien an?
    a) den Elefanten
    b) den Jaguar
    c) das Kamel
    d) den Tiger

60. Wie alt ist die Erde nach heutigem Kenntnisstand?
    a) ca. 5 Milliarden Jahre
    b) ca. 250 Millionen Jahre
    c) ca. 1,5 Milliarden Jahre
    d) ca. 750 Millionen Jahre

61. Was ist eine ökologische Nische?
    a) das Gebiet, in welches sich eine Tierart bei drohender Gefahr zurückzieht

b) eine künstlich geschaffene Umwelt, in der die Natur unter Ausschluß von störenden Faktoren beobachtet werden kann

c) der Etat des Umweltministeriums, der ausschließlich für den Schutz bedrohter Tier- und Pflanzenarten verwendet wird

d) die Gesamtheit der Umweltfaktoren und Lebensbedingungen, auf die sich ein Organismus angepaßt und spezialisiert hat

62. An welchem See liegt Lausanne?
   a) am Genfer See
   b) am Gardasee
   c) am Lago Maggiore
   d) am Vierwaldstätter See

63. Welcher Teil der Zelle spielt bei der Fortpflanzung die entscheidende Rolle?
   a) die Zellwand
   b) der Zellkern
   c) die Zellflüssigkeit
   d) die Zelldrüsen

64. Was ist der Golfstrom?
   a) eine reißende Meeresströmung im Persischen Golf auf Grund der großen Schwankungen des Meeresspiegels durch die Gezeitenunterschiede
   b) eine starke Luftströmung in Höhen zwischen 8 000 und 12 000 Metern, die im interkontinentalen Flugverkehr von großer Bedeutung ist
   c) eine warme Meeresströmung, die vom Golf von Mexiko ausgehend den Atlantik in nordöstlicher Richtung überquert

d) die Elektrizität, die im Golf von Bengalen durch die Energie des hier ins Meer mündenden Ganges in großen Wasserkraftwerken gewonnen wird

65. Wodurch wird die Immunschwächekrankheit Aids (Acquired immune deficiency syndrome) hervorgerufen?
a) durch Kugelbakterien (Kokken)
b) durch Mikropilze
c) durch Bazillen
d) durch den HIV-Virus

66. Welches von den folgenden Ländern hat die längste Küstenlinie?
a) Italien
b) Frankreich
c) Norwegen
d) Spanien

67. Was ist die Aufgabe des in der Bauchspeicheldrüse gebildeten Hormons Insulin?
a) die Senkung des Blutzuckerspiegels
b) die Aufspaltung von Eiweißverbindungen beim Verdauungsvorgang
c) die Steuerung des Geschlechtstriebes
d) die Anpassung des Organismus an Temperaturveränderungen (z. B. zittern)

68. Wo liegt das Kap der Guten Hoffnung?
a) vor Madagaskar
b) an der Südspitze Afrikas
c) auf der spanischen Seite der Meerenge von Gibraltar
d) am südlichsten Punkt Südamerikas

69. Wo legt die Mücke ihre Eier ab?
    a) in gelähmte Beutetiere
    b) in den Boden
    c) in Baumrinde
    d) ins Wasser

70. Wie heißt die Hauptstadt der USA?
    a) Chicago
    b) Los Angeles
    c) Washington D. C.
    d) New York

71. Worauf basiert die Licht- und Wärmeentwicklung der Sonne?
    a) die Sonne produziert selbst keine Energie; die abgegebene Wärme in Form von Licht wurde bereits kurz nach dem Urknall erzeugt und hat sich dann auf die einzelnen Galaxien aufgeteilt
    b) auf der Verschmelzung von Wasserstoffatomen zu Heliumatomen (Kernfusion)
    c) auf der Verbrennung des Leuchtgases Neon
    d) auf der kinetischen Energie, die durch die Eigenrotation der gewaltigen Masse der Sonne frei wird

72. Welcher ist Europas längster Fluß?
    a) der Rhein
    b) die Rhône
    c) die Wolga
    d) die Donau

73. Womit wird bei der Pockenimpfung geimpft?
    a) mit dem Krankheitserreger (Pockenvirus)
    b) mit einem pflanzlichen Heilmittel

c) mit einem starken Antibiotikum

d) mit einem körpereigenen Abwehrmittel

74. Wie groß ist der Erdumfang am Äquator?
   a) ca. 25 000 km
   b) ca. 60 000 km
   c) ca. 18 000 km
   d) ca. 40 000 km

75. Worauf kann ein Mensch über einen längeren Zeitraum am wenigsten verzichten, um am Leben bleiben zu können?
   a) auf Essen
   b) auf Zuneigung
   c) auf Trinken
   d) auf Sonnenlicht

76. Welcher der folgenden Staaten liegt auf der Appeninnen-Halbinsel?
   a) Portugal
   b) Italien
   c) Griechenland
   d) Dänemark

77. Was ist die Aorta?
   a) eine knorpelähnliche, stabförmige Verstärkung des Körpers als Vorstufe der Wirbelsäule bei schädellosen Tieren
   b) die Sammelader, über die das Blut vom Körper ins Herz zurückfließt, bevor es erneut durch die Herztätigkeit zurückgepumpt wird
   c) eine Herzklappe, die als Ventil fungiert und bewirkt, daß das Blut nur in eine bestimmte Richtung fließen kann

d) die Hauptschlagader der warmblütigen Lebewesen, die von der linken Herzkammer ausgeht und von der alle weiteren Arterien abzweigen

78. Welche Zwischenstation würde sich auf dem Weg von New Orleans nach Tokyo anbieten?
    a) Kuba
    b) die Antillen
    c) Hawaii
    d) Neuseeland

79. Was versteht man unter einem Wallach?
    a) einen Pferdehengst, der zu Zuchtzwecken eingesetzt wird
    b) einen Bewohner der Walachei (Landschaft in Rumänien)
    c) einen kastrierten Pferdehengst
    d) eine Pflanze, die nur 1 Keimblatt besitzt (z.B. Veilchen)

80. Wie viele Menschen bevölkern ungefähr die Erde am Ende des 20. Jh.?
    a) ca. 9 Milliarden
    b) ca. 6 Milliarden
    c) ca. 4 Milliarden
    d) ca. 11 Milliarden

E. Chemie, Physik, Mathematik, Technik

1. Auf welchem Grundstoff basiert die gesamte organische Chemie?
   a) auf Sauerstoff
   b) auf Wasserstoff
   c) auf Kohlenstoff
   d) auf Stickstoff

2. Mit welcher Geschwindigkeit breitet sich der Schall im Vakuum aus?
   a) ca. 300 m/sek
   b) ca. 1 200 m/sek
   c) ca. 150 m/sek
   d) gar nicht

3. Welches der folgenden Instrumente dient zum Messen des Luftdrucks?
   a) das Barometer
   b) das Thermometer
   c) das Hygrometer
   d) das Spektroskop

4. Was versteht man unter der Fluchtgeschwindigkeit?
   a) die Geschwindigkeit, die ein Gegenstand benötigt, um die Schallmauer zu durchbrechen
   b) die Geschwindigkeit, die notwendig ist, um die Anziehungskraft eines Himmelskörpers zu überwinden; für die Erde beträgt diese Geschwindigkeit 11,2 m/s bzw. 40 320 km/h

c) die Geschwindigkeit, mit der ein Gas aus einem Raum mit normalem Luftdruck von 1 atm und 0 C° in ein Vakuum entweicht

d) die Geschwindigkeit, mit der sich ein Blitz durch die Atmosphäre bewegt; sie ist keine Konstante, sondern abhängig von Luftpartikeln (Wasser, Staub)

5. Welcher der folgenden Stoffe leitet Wärme am besten?
   a) Luft
   b) Holz
   c) Glas
   d) Metall

6. Wer war der erste Mensch, der ins All flog?
   a) Neil Armstrong
   b) Alan Shepard
   c) Frank Borman
   d) Juri Alexejewitsch Gagarin

7. Wie heißt der mechanische Teil, der die Vor- und Rückwärtsbewegung eines Kolbens in eine Drehbewegung umsetzt?
   a) Kardanwelle
   b) Zylinder
   c) Pleuelstange
   d) Schiebemuffe

8. Welche Frequenz hat Hausstrom in Mitteleuropa?
   a) 220 Hertz
   b) 110 Hertz
   c) 50 Hertz
   d) 85 Hertz

9. Was besagt der Satz des Pythagoras?
   a) Das Produkt aus der Multiplikation zweier negativen Zahlen ist stets positiv.
   b) Eine Zahl ist niemals durch Null teilbar.
   c) Die Oberfläche eines Würfels ist gleich dem sechsfachen Quadrat seiner Grundfläche.
   d) In einem rechtwinkligen Dreieck ist die Summe der Quadrate über den Katheten gleich dem Quadrat über der Hypotenuse ($a^2+b^2=c^2$).

10. Welche Zeit benötigt das Licht von der Sonne zur Erde?
   a) 8 Minuten, 13 Sekunden
   b) 1 Stunde, 4 Minuten, 7 Sekunden
   c) 59,8 Sekunden
   d) 22 Sekunden

11. Wozu wird eine Pipette benutzt?
   a) als Rührstab
   b) als Saugheber
   c) als Zerstäuber
   d) als Voltmesser

12. Was ist ein Zyklotron?
   a) der Name des weltweiten Netzes von Wetterstationen zur Frühwarnung vor Wirbelstürmen
   b) ein dreifach positiv geladenes Teilchen, das bei der Kernspaltung von Uran freigesetzt wird
   c) eine Anlage zur Beschleunigung elektrisch geladener Teilchen (Ionen) durch ein starkes Magnetfeld
   d) ein Wasserkraftwerk, bei dem die Kraft des zu- und abfließenden Wassers, bedingt durch die unterschiedlichen Wasserstände bei Ebbe und Flut, als Energie genutzt wird

13. Wer war der/die Erfinder/in des Dynamits?
    a) Marie Curie 1898
    b) Joseph Monier 1848
    c) Katrin Zielke 1896
    d) Alfred Nobel 1867

14. Wie heißt das Instrument, mit dem die Erschütterungen eines Erdbebens registriert werden?
    a) Tremblograph
    b) Hygrometer
    c) Seismograph
    d) Tektoskop

15. Bei welcher Temperatur liegt der absolute Nullpunkt?
    a) bei minus 273,15 C°
    b) bei 0 C°
    c) bei 0 F° (Fahrenheit)
    d) bei minus 301,20 C°

16. Was versteht man unter einer Oxidation?
    a) die Anreicherung von Gewässern mit Sauerstoff zur Verbesserung der Lebensbedingungen darin
    b) die Reaktion von Sauerstoff mit weiteren Verbindungen oder Elementen
    c) die Verbindung eines Stoffes mit Stickstoff oder Stickstoffverbindungen
    d) die Freisetzung von Sauerstoff bei bestimmten chemischen Reaktionen

17. Wie lautet die Einheit zur Angabe der elektrischen Stromstärke?
    a) Volt (V)
    b) Coulomb (C)

c) Watt (W)

d) Ampere (A)

18. Wo findet die Braun'sche Röhre ihre Verwendung?

a) im Telephon

b) im Röntgenapparat

c) als Fernsehbildröhre

d) als Lichtverstärker im Laserapparat

19. Was ist ein Ion?

a) ein Molekül/Atom, das elektr. Strom leiten kann

b) die antike Bezeichnung für einen vermuteten »Strom-körper«

c) die physikalische Maßeinheit für Stromverlust durch Widerstand

d) ein Atom, das entweder durch Anlagerung von Elektronen negativ (Anion), oder durch den Verlust von Elektronen positiv (Kation) geladen ist

20. Wer war der Erfinder der Dampfmaschine?

a) Rudolf Diesel 1799

b) Werner von Siemens 1866

c) Carl Benz 1885

d) James Watt 1765

21. Was versteht man unter einem Semaphor?

a) einen Mast zur optischen Signalgebung (hauptsächlich in der Seefahrt)

b) das Eisenbahnsignal, mit dem eine Strecke freigegeben wird

c) beim Flugzeug das Staurohr zur Bestimmung der Geschwindigkeit

d) die Flagge zur Zeichengebung in der Seefahrt

22. Was ist eine Primzahl?
    a) jede Zahl, die durch 10 teilbar ist
    b) eine Zahl, die nur durch sich selbst und durch 1 teilbar ist
    c) eine positive ganze Zahl
    d) die Zahl, die sich ergibt, wenn 1 durch sie geteilt wird

23. Wie hoch ist die Temperatur des Drahtes in der Glühlampe?
    a) ca. 1.000 C°
    b) ca. 400 C°
    c) über 2.000 C°
    d) ca. 100 C°

24. Was ist Quecksilber (Hg)?
    a) eine Legierung aus Silber und Eisen
    b) eine giftige, silberfarbige Lauge
    c) ein Element und Metall
    d) eine silberglänzende ätzende Säure

25. Woraus ist Bernstein entstanden?
    a) aus dem Harz von Nadelhölzern der Tertiärzeit
    b) aus Erdöl beim Zusammentreffen mit Lava unter Hitze- und Druckeinfluß
    c) aus fossilen Ablagerungen, ähnlich wie bei der Entstehung von Kohle
    d) aus dem Verpressen von Quarzsand durch das Gewicht eiszeitlicher Gletscher

26. Wann betrat mit Neil Alden Armstrong zum ersten Mal ein Mensch den Mond?
    a) am 17. August 1970
    b) am 16. Juli 1969

c) am 30. Juli 1964

d) am 21. August 1966

27. Welche der folgenden Lehren ist keine Naturwissenschaft?

a) Astronomie

b) Meteorologie

c) Astrophysik

d) Astrologie

28. Was versteht man unter dem spezifischen Gewicht?

a) frühere Bezeichnung für das Gewicht von 1 m³ eines Gegenstandes auf einem 2-achsigen Wagen, das von 2 Pferden in 1 Minute 100 Meter weit gezogen werden konnte

b) das Gewicht, das ein Stoff ohne jeglichen Einfluß der Erdanziehungskraft hätte

c) das Gewicht eines Stoffes, das sich im Vergleich mit 1 dm³ reinem Gold ergibt

d) die Dichte eines Stoffes, also das Gewicht pro Raummaß (g/cm³)

29. Wie lautet die Formel zur Berechnung der Fläche (A) eines Kreises?

a) $A = \pi r^2$

b) $A = 2\pi r$

c) $A = \pi^2 r$

d) $A = \pi^2 2r$

30. Wieviel Stunden zeigt die Skala einer Sonnenuhr an?

a) 8 Stunden

b) 12 Stunden

c) 24 Stunden

d) 10 Stunden

31. Können Diamanten verbrennen?
    a) nein, sie sind zu hart
    b) ja, ohne weitere Rückstände zu Kohlendioxid
    c) nein, auf Grund ihrer ungewöhnlichen Reinheit
    d) ja, wobei Stickstoff und Nickel entsteht

32. Wer erfand das erste Gleitfluggerät?
    a) die Brüder Wilbur und Orville Wright 1903
    b) Gabriele Raskopf 1888
    c) Otto Lilienthal 1891
    d) Elisabeth Boeing 1899

33. Was ist der Fachausdruck für »nach innen gewölbt«?
    a) konvex
    b) inkav
    c) introdux
    d) konkav

34. Was bezeichnet man als »weiches Wasser«?
    a) Wasser mit starkem Kalkgehalt
    b) Wasser ohne Kalkgehalt
    c) Wasser, das abgekocht wurde
    d) Wasser, das radioaktiv strahlt

35. Wieso ist ein schwarzes Loch (ein massereicher Reststern)
    schwarz?
    a) Schwarze Löcher kommen nur in den äußersten Rand-
       bereichen des Alls vor; sie sind daher so lichtschwach,
       daß ihre Leuchtkraft von anderen Himmelskörpern
       überlagert wird.
    b) Da das schwarze Loch immer der kleinere Teil eines Dop-
       pelsternes ist, wird seine Leuchtkraft immer vom licht-
       stärkeren Stern überlagert.

c) Weil auf Grund seiner gewaltigen Masse und der daraus folgenden Gravitationskraft eine Fluchtgeschwindigkeit resultiert, die höher als die Lichtgeschwindigkeit ist, kann das Licht den Stern nicht verlassen; dieser ist somit nicht sichtbar.

d) Ein schwarzes Loch (»black hole«) ist überhaupt nicht schwarz; der Name geht lediglich auf seinen Entdecker, den Astrophysiker Frank Black, zurück.

36. Woraus wird Benzin gewonnen?
    a) aus Erdöl
    b) aus Steinkohle
    c) aus Erdgas
    d) aus Löschkalk

37. Welche Funktion hat ein Transformator?
    a) die Überführung von mechanischer Energie (Bewegung) in elektrischen Strom
    b) die Vermeidung von Kurzschlüssen in einem elektrischen System
    c) die Umwandlung von niedrigen elektrischen Wechselspannungen in höhere oder umgekehrt
    d) die Speicherung von elektrischer Energie in Trafospeichern

38. Welcher Stein schwimmt auf Wasser?
    a) Feuerstein
    b) Kalkstein
    c) Sandstein
    d) Bimsstein

39. Was zeigt ein Geigerzähler an?
    a) Röntgenstrahlen

b) radioaktive Strahlung

c) Wärmestrahlung

d) Mikrowellen

40. Was versteht man in der Physik unter Entropie?

a) eine physikalische Größe, die denjenigen Anteil der Wärmeenergie in einem thermodynamischen System angibt, der auf Grund seiner ausgeglichenen Verteilung nicht mechanisch genutzt werden kann

b) die Wärme, die freigesetzt wird, wenn ein Stoff von einem Aggregatzustand in einen anderen übergeht

c) die Gesamtheit aller Moleküle, die sich an der Oberfläche eines festen Körpers befinden

d) die Zeiteinheit, die notwendig ist, bis sich ein Gleichgewicht in einem thermodynamischen System eingestellt hat

41. Wie viele chemische Elemente sind der Wissenschaft bekannt?

a) ca. 70

b) die Anzahl chemischer Elemente gilt als unbegrenzt

c) mehr als 100

d) genau 4

42. Was ist ein Episkop?

a) ein Gerät zum Messen von Schallwellen

b) ein Apparat zur Projektion von Bildern

c) ein Gerät zur Aufzeichnung von Erschütterungen durch Erdbeben

d) eine Kleinstkamera, die in der Chirurgie eingesetzt wird

43. Was ist die Summe der drei Winkel eines Dreiecks?

a) 360°

b) 90°

c) 100°

d) 180°

44. Was versteht man unter einem Faraday-Käfig?

a) eine geschlossene Hülle aus Blechen oder Maschendraht, in die kein elektrisches Feld eindringen kann

b) der Raum eines Röntgenapparates, in dem sich die Röntgenstrahlung ausbreitet

c) die Sicherheitshülle eines Atomreaktors, die die radioaktive Strahlung von der Außenwelt abschirmt

d) ein geschlossenes physikalisches System, aus welchem keine Moleküle entweichen können

45. Wann und wo wurde die erste Atombombe militärisch eingesetzt?

a) am 17. Juli 1945 in Nagasaki

b) am 22. Dezember 1944 in Osaka

c) am 6. August 1945 in Hiroshima

d) am 14. Oktober 1944 auf den Midway-Inseln

46. Was ist ein Molekül?

a) der kleinste Schwebepartikel aus Wasser im Nebel

b) die kleinste Einheit einer chemischen Verbindung aus mindestens zwei Atomen, die noch die typischen Eigenschaften dieser Verbindung besitzt

c) ein Kühlmittel, das vor allem in Kühlschränken zum Einsatz kommt

d) das atomare Teilchen der Atmosphäre, durch das sich Lichtwellen ausbreiten

47. Wer stellte 1905 die spezielle Relativitätstheorie auf?

a) Werner Heisenberg

b) Otto Hahn

c) Albert Einstein

d) Stephen W. Hawkin

48. Was wird als Fokus bezeichnet?
   a) das Ergebnis eines naturwissenschaftlichen Experimentes
   b) der Moment beim Startvorgang einer Rakete, in dem der Motor gezündet wird
   c) ein Teleskop mit Lichtverstärker zum Beobachten weit entfernter Objekte
   d) der Punkt, in dem sich Lichtstrahlen nach Brechung oder Konzentration vereinigen

49. Wie schnell ist das Licht?
   a) ca. 300000 km/h
   b) ca. 300000 km/sek
   c) ca. 10000 km/sek
   d) ca. 10000 km/h

50. Was ist eine Emulsion?
   a) die Feinverteilung zweier nicht mischbarer Flüssigkeiten in einem Raum
   b) ein scharfes Reinigungsmittel zum Lösen von Ölfarben
   c) eine hochexplosive Mischung
   d) eine besonders harte, aber dennoch sehr elastische Kunststoffverbindung

51. Wer erfand den Buchdruck mit beweglichen Lettern?
   a) Friedrich A. Brockhaus 1604
   b) Johannes Gutenberg 1445
   c) Wolfgang Tappeser 1557
   d) Johann Gottfried von Herder 1776

52. Wann färbt sich der Indikator Lackmuspapier rot?
   a) bei Kontakt mit Basen
   b) bei Kontakt mit Sauerstoff
   c) bei Kontakt mit Säuren
   d) beim Gefrieren

53. Was ist in der Naturwissenschaft ein Quark?
   a) das kleinste bekannte Elementarteilchen aus dem sich die Materie aufbaut
   b) die theoretisch kleinste Zeiteinheit
   c) ein schnell rotierender, blinkender Stern
   d) der Teil des Moleküls, der chem. Reaktionen ermöglicht

54. Woraus besteht Seide?
   a) aus der Kunstfaser Perlon®
   b) aus der Rindenfaser des Seidenstrauches
   c) aus feingesponnener Edelbaumwolle
   d) aus einem proteinhaltigen Fadensekret der Seidenspinnerraupe

55. Was versteht man unter Kondensation?
   a) die Entladung elektrischer Spannung
   b) die Verdichtung von Stoffen durch Verpressen
   c) den Übergang vom gas- oder dampfförmigen in den flüssigen Aggregatzustand
   d) den Gehalt einer Lösung in einer Flüssigkeit

56. Wie lautet der binomische Satz (die Darstellung durch eine Reihe) der Potenz $(a+b)^2$?
   a) $2a+2b$
   b) $a^2+2ab+b^2$
   c) a^2+b^2
   d) $4ab$

57. Was ist die Abkürzung für das Binärzeichen in der elektronischen Datenverarbeitung?
    a) dig
    b) code
    c) log
    d) bit

58. Was bewirkt ein Katalysator in der Chemie?
    a) die Ermöglichung, Lenkung oder Beschleunigung einer chemischen Reaktion
    b) die Umwandlung von organischer in anorganische Materie
    c) die Messung freigesetzter Wärmeenergie in einer Reaktion
    d) die Abpufferung von Säuren

59. Wie lautete der Name des ersten Marsmobils, das am 4. Juli 1997 auf dem Mars landete?
    a) Hubble
    b) Voyager
    c) Explorer
    d) Sojourner

60. Was bedeutet in der Kernenergienutzung »GAU«?
    a) »General Atomic Union«, der US-Verband der Atomindustrie
    b) der »Gesamtverband der Atomnutzenden Unternehmen« in Deutschland
    c) der »größte anzunehmende Unfall«, eine Nuklearkatastrophe
    d) »general automatic unit«, das automatische Abschaltsystem in Kernreaktoren

F. Kunst, Literatur, Musik

1. Welche Baustilepoche ging der Gotik direkt voraus?
    a) der Klassizismus
    b) das Rokoko
    c) die Renaissance
    d) die Romanik

2. Wer komponierte die Oper »Tosca«?
    a) Giacomo Puccini
    b) Giuseppe Verdi
    c) Ruggiero Leoncavallo
    d) Wolfgang Amadeus Mozart

3. Eines der bekanntesten Werke von Franz Marc (1880-1916) ist ...
    a) Frühlingspflügen in Iowa
    b) Der Turm der blauen Pferde
    c) Der Traum des Albatros
    d) Der blaue Reiter

4. Die Mona Lisa wurde 1503 von welchem Künstler gemalt?
    a) Andrea del Verrocchio
    b) Leonardo da Vinci
    c) Michelangelo Buonarroti
    d) Hans Baldung

5. Wie viele Noten umfaßt eine Oktave?
    a) 8 Noten
    b) 10 Noten

c) 12 Noten

d) 6 Noten

6. Was versteht man unter »Enkaustik«?

a) das Versprühen von Farbe durch ein Sprührohr

b) die Falttechnik bei einem speziellen Batikverfahren

c) ein Malverfahren, bei dem die Farbpigmente durch Wachs gebunden werden

d) das Malen mit Kreide auf Ölfarben

7. Welches der folgenden Bauwerke wird nicht zu den Sieben Weltwundern gezählt?

a) die ägyptischen Pyramiden

b) die hängenden Gärten der Semiramis

c) die Zeusstatue in Olympia

d) das Taj Mahal

8. Wer komponierte »Die Fledermaus«?

a) Ralph Benatzky

b) Leon Jessel

c) Johann Strauß

d) Gustav Mahler

9. Auguste Renoir (1841-1919) gehörte zu den Malern, die erstmals das moderne Leben in der Großstadt malten; er gilt als Hauptmeister des ...

a) Impressionismus

b) Expressionismus

c) Realismus

d) Surrealismus

10. Welcher Notendreiklang ergibt einen C-Dur-Akkord?

a) A-C-B

b) D-F-A

c) C-D-G

d) C-E-G

11. Welches Drama von Johann Wolfgang v. Goethe (1749-1832) behandelt vor allem die Themen Ehrfurcht vor Sitte, Sittlichkeit und Ordnung?

a) Götz von Berlichingen

b) Iphigenie auf Tauris

c) Torquato Tasso

d) Die Leiden des jungen Werther

12. Wer war der 1980 in New York ermordete Mitbegründer der Beatles?

a) Jimi Hendrix

b) Brian Jones

c) John Lennon

d) Jim Morrison

13. Er gilt als Wegbereiter der Architektur der Renaissance, sein wohl bekanntestes Bauwerk ist der Dom San Lorenzo in Florenz; von wem ist die Rede?

a) Filippo Brunelleschi

b) Balthasar Neumann

c) Rosario Gagliardi

d) Filippo Juvara

14. Von wem stammt die Oper »Zar und Zimmermann«?

a) Richard Wagner

b) Albert Lortzing

c) Ludwig van Beethoven

d) Jean-Philippe Rameau

15. Wie hieß das erste Drama von Friedrich v. Schiller (1759-1805)?
    a) Kabale und Liebe
    b) Die Räuber
    c) Romeo und Julia
    d) Demetrius

16. In welchem Stil wurde der Kölner Dom erbaut?
    a) im romanischen Stil
    b) im klassizistischen Stil
    c) im gotischen Stil
    d) im barocken Stil

17. Welcher Musikform gab der Lyriker Walther von der Vogelweide (* um 1170, † um 1230) einen unverwechselbaren Inhalt?
    a) dem epischen Hofgesang
    b) den gregorianischen Chorälen
    c) der römischen Liturgie
    d) dem Minnegesang

18. »Die Buddenbrooks«, die Familiengeschichte einer Lübecker Kaufmannsfamilie, schrieb 1901 ...
    a) Stefan Zweig
    b) Hermann Hesse
    c) Thomas Mann
    d) Christian Morgenstern

19. Was ist das bedeutendste Werk der babylonischen Literatur, das Ende des 2. Jh. v. Chr. entstand und ungefähr 3 600 Verszeilen beinhaltet?
    a) das Gilgamesch-Epos
    b) die Verse aus Byblos

c) der Mythos von Baal

d) Echnaton

20. Welches Gebäude in Berlin wurde nicht von Karl Friedrich Schinkel (1781-1841) entworfen?

a) die Neue Wache

b) das Alte Museum

c) das Schauspielhaus am Gendarmenmarkt

d) das Reichstagsgebäude

21. Wer schrieb 1969 mit »Tommy« die erste bekannte Oper in der Rockmusik?

a) Neil Young

b) Paul Kantner & Grace Slick (Jefferson Airplane)

c) Jerry Garcia (The Greatful Dead)

d) Pete Townshend (The Who)

22. Welcher Architekt plante die seit 1883 im Bau befindliche Kathedrale »Sagrada Familia« in Barcelona?

a) Erich Mendelssohn

b) Antonio Gaudí

c) Le Corbusier

d) Raimondo d'Aronco

23. Friedrich Dürrenmatt (1921-1990) stellte die Frage nach der Eigenverantwortung und Ethik der Wissenschaftler neu. Sein Werk, das sich kritisch mit der atomaren Aufrüstung auseinandersetzt, heißt ...

a) Die Physiker

b) Der Besuch der alten Dame

c) Ein Engel

d) Ende einer Dienstfahrt

24. Von wem stammt die 1929 uraufgeführte Operette »Das Land des Lächelns«?
    a) Carl Millöcker
    b) Johann Strauß
    c) Franz Lehár
    d) Peter Tschaikowski

25. Wer war der berühmte italienische Geigenbauer, dessen Name für die begehrtesten und wohl auch teuersten Geigen steht?
    a) Ruggiero Rizzitelli
    b) Antonio Vivaldi
    c) Tirso del Gibson
    d) Antonio Stradivari

26. Welcher deutsche Schriftsteller erhielt 1972 den Literaturnobelpreis?
    a) Heinrich Böll
    b) Günter Grass
    c) Nicolas Born
    d) Martin Walser

27. Wer komponierte die Musik zur Dreigroschenoper?
    a) Bertold Brecht
    b) Gioacchino Rossini
    c) Kurt Weill
    d) Jean-Philippe Rameau

28. Welcher französische Maler des Impressionismus verwendete mit Vorliebe Motive aus der Inselwelt Polynesiens (Südsee)?
    a) René Magritte
    b) Paul Gauguin

c) Marc Chagall

d) Paul Cézanne

29. Wer war der Autor der »Odyssee«?

a) Homer

b) Ilias

c) Sophokles

d) Archimedes

30. Von wem stammt der Liederzyklus »Die Winterreise«?

a) Wolfram von Eschenbach

b) Clara Schumann

c) Joseph Haydn

d) Franz Schubert

31. Welcher deutsche Autor des 20. Jh. war u.a. von der indischen Philosophie beeinflußt?

a) Rolf Dieter Brinkmann

b) Hermann Hesse

c) Jens Sparschuh

d) Peter Brinkmann

32. Die vier Apostel, 1526 ursprünglich als Altarflügel konzipiert, stammen von ...

a) Lucas Cranach, dem Älteren

b) Peter von Cornelius

c) Thomas Locher

d) Matthias Grünewald

33. Von wem stammt die romantische Tragödie »Romeo und Julia«?

a) Oliver Cromwell

b) Marquis de La Fayette

c) Georg B. Shaw

d) William Shakespeare

34. Wie wird eine Tonleiter bezeichnet, die sich aus Halbton-
stufen zusammensetzt?
a) chromatisch
b) harmonisch
c) melodisch
d) disjunktiv

35. Welche philosophische Richtung vertraten Albert Camus
und Jean-Paul Sartre?
a) den Idealismus
b) die Phänomenologie
c) die Ästhetik
d) den Existentialismus

36. Welcher Komponist des 19. Jh. gestaltete seine Opern in
Form von Musikdramen?
a) Paul Hindemith
b) Albert Lotzing
c) Richard Wagner
d) Friedrich G. Klopstock

37. Wie heißt das Hauptwerk des britischen Reisejournalisten
und Kulturforschers Bruce Chatwin (1940-1989)?
a) Nach Kambodscha schwimmen
b) Traumpfade
c) Am Ende aller Straßen – Die Wüste Znünz
d) Der lange Abschied

38. Wie viele Saiten hat eine gewöhnliche Gitarre?
a) 6 Saiten

b) 8 Saiten

c) 5 Saiten

d) 4 Saiten

39. Welcher Maler des 19. Jh. befaßte sich in seinen Bildern besonders liebe- und humorvoll mit dem Leben von Kleinstädtern und Sonderlingen?

a) Max Liebermann

b) Otto Dix

c) Carl Spitzweg

d) Heinrich Zille

40. Wer war der Komponist der Oper »Porgy and Bess«?

a) Paul Hindemith

b) Werner Egk

c) Andrew Lloyd Webber

d) George Gershwin

41. Von welchem bedeutenden flämischen Künstler (1577-1640) stammt das Bild »Kopf eines Kindes«?

a) Anthonis van Dyck

b) Peter Paul Rubens

c) Jan Vermeer

d) Simon van der Bruegge

42. Wer schrieb den »Hauptmann von Köpenick«?

a) Carl Zuckmayer

b) Stefan Zweig

c) Karl Valentin

d) Heinrich Böll

43. Wer war Enrico Caruso (1873-1921)?

a) ein amerik. Musicalkomponist ital. Abstammung

b) ein berühmter italienischer Pianist, der schon als »Wunderkind« bekannt war

c) der wohl populärste Tenorsänger Anfang des 20. Jahrhunderts

d) ein weltbekannter italo-amerikanischer Schauspieler und Tänzer

44. Gerhart Hauptmanns soziales Drama »Die Weber« stammt aus der Epoche des ...

a) Naturalismus

b) Symbolismus

c) Expressionismus

d) Hyperrealismus

45. Der Innenraum der Sixtinischen Kapelle im Vatikan wurde Anfang des 16. Jh. hauptsächlich von welchem Künstler gestaltet?

a) Leonardo da Vinci

b) Michelangelo Buonarotti

c) Tizian Vecellio

d) Paolo Uccello

46. Wer war der Autor des »Faust«, eines Dramas über den deutschen Arzt und Alchemisten Georg (»Johannes«) Faust, in dessen Mittelpunkt der Pakt mit dem Teufel steht?

a) Eduard Mörike

b) Friedrich v. Schiller

c) Gotthold Ephraim Lessing

d) Johann Wolfgang v. Goethe

47. Was war das »Bauhaus« in Dessau?

a) das weltweit erste Kaufhaus für Bauwaren

b) eine Vereinigung deutscher Avantgarde-Literaten

c) die von W. Gropius gegründete Hochschule für Bau-
kunst und Gestaltung

d) der Dachverband europäischer Bildhauer

48. Welcher Bildhauer bevorzugte Holz als Material für seine
Plastiken?

a) Alberto Giacometti

b) Ernst Barlach

c) Henry Moore

d) Auguste Rodin

49. Eine mittelalterliche Dichtung, die vor allem das Rittertum
verherrlichte, war ...

a) Parzival

b) der arme Heinrich

c) Tristan und Isolde

d) das Hildebrandslied

50. Wie hieß der erste weiße Superstar des Rock 'n' Roll, eines
um 1955 entstandenen Musikstils (ursprünglich eine Verbindung aus R&B, Blues und Country and Western)?

a) Brian Wilson

b) Paul Mc Cartney

c) Mick Jagger

d) Elvis Aaron Presley

51. In welcher Stilepoche erreichte die Glasmalerei ihren Höhe-
punkt?

a) in der Romanik

b) in der Renaissance

c) in der Gotik

d) im Barock

52. Wer schrieb die »Blechtrommel«?
    a) Thomas Mann
    b) Günter Grass
    c) Michael Roes
    d) Heinrich Böll

53. Wie hieß der wohl bedeutendste deutsche Landschaftsma-
    ler der Romantik?
    a) Albrecht Altdorfer
    b) Michael Pacher
    c) Werner Tübke
    d) Caspar David Friedrich

54. Welcher amerikanische Jazzmusiker (Trompete) prägte den
    Modern Jazz maßgebend?
    a) Chi Coltrane
    b) Dick Heckstall-Smith
    c) Miles Davis
    d) Glenn Miller

55. Wer war der Autor von »Emilia Galotti«?
    a) Georg Büchner
    b) Gotthold Ephraim Lessing
    c) Gerhart Hauptmann
    d) Annette von Droste-Hülshoff

56. Wie lautet der Name der deutschen Bildhauerin und Gra-
    phikerin, die vor allem soziale Themen beeindruckend dar-
    stellte?
    a) Käthe Kollwitz
    b) Kira Hanusch
    c) Caroline Schlegel
    d) Sophie Rois

57. Der deutsche Dramatiker Rolf Hochhuth provozierte mit seinem 1963 entstandenen Erstlingswerk politische Spannungen mit dem Vatikan. Wie hieß dieses Werk?
   a) Guerillas
   b) Das obszöne Werk
   c) Soldaten
   d) Der Stellvertreter

58. Der wichtigste in Rußland geborene Vertreter der abstrakten Kunst um 1900 war ...
   a) Victor de Vasarély
   b) Wassily Kandinski
   c) Edgar Degas
   d) Ilja I. Kabakow

59. Was versteht man unter einem Prolog in der Literatur oder im Theater?
   a) die Verlängerung einer Theateraufführung in freier Improvisation bei besonders günstiger Resonanz des Publikums
   b) einen in freier Form verfaßten Text ohne jeden Reim
   c) einen Anhang an ein Buch oder auch an ein Theaterstück
   d) einen einführenden Text, der dem eigentlichen Werk vorangestellt ist und dessen Funktion darin besteht, das Publikum oder den Leser einzustimmen

60. Wer komponierte die Operette »Der Vogelhändler«?
   a) Emmerich Kálmán
   b) Fred Raymond
   c) Carl Zeller
   d) George Gershwin

61. Wer schuf mit dem 1937 entstandenen Monumentalbild
»Guernica« eine Anklage gegen die Zerstörung der baski-
schen Stadt Guernica y Luno im Spanischen Bürgerkrieg
durch deutsche Bomber?
a) Pablo Picasso
b) Joan Miró
c) Yves Tanguy
d) Salvador Dalí

62. Wie heißt die aus Jamaika stammende Stilrichtung der
Rockmusik, deren Wurzeln in afrikanischer Musiktradition,
karibischer Rhythmik und afro-amerikanischem R&B liegen und die ein wichtiges Ausdrucksmittel in der Religion
der Rastafari ist?
a) Bebop
b) Reggae
c) Hip Hop
d) Soul

63. Welcher deutsche Schriftsteller wurde durch einen Kriegs-
roman bekannt?
a) Alfred Döblin
b) Bertold Brecht
c) Erich M. Remarque
d) Gottfried Benn

64. Welche Oper wurde zur Eröffnung des Suez-Kanals 1869
komponiert, jedoch erst 1871 in Kairo uraufgeführt?
a) Aida (Guiseppe Verdi)
b) Fidelio (Ludwig van Beethoven)
c) Parsifal (Richard Wagner)
d) Das Land des Lächelns (Franz Lehár)

65. Wie heißt das weltberühmte Pariser Kunstmuseum?
    a) Guggenheim-Museum
    b) Prado
    c) L'artifex
    d) Louvre

66. Was ist das größte hinduistische Bauwerk Südostasiens (Khmer-Baustil)?
    a) Taj Mahal
    b) Angkor Wat
    c) Borobudur
    d) Potala

67. Eine große Anzahl von Operntexten für Richard Strauß schrieb ...
    a) Hugo von Hofmannsthal
    b) Carl Zuckmayer
    c) Franz Grillparzer
    d) Heinrich Heine

68. Ein Mitglied der Dresdner Künstlervereinigung »Die Brücke« (gegr. 1906) war ...
    a) Georg Kolbe
    b) Emil Nolde
    c) Paul Klee
    d) Oskar Kokoschka

69. Wie hieß die von Andy Warhol geförderte Avantgarde-Band um Lou Reed und John Cale?
    a) Cream
    b) Buffalo Springfield
    c) The Velvet Underground
    d) The Greatful Dead

70. Was sind die letzten Worte Hamlets in Shakespeares Tragö-
    die »Hamlet«?
    a) »Ich weiß, daß ich nichts weiß.«
    b) »Zerstört meine Kreise nicht!«
    c) »Die Würfel sind gefallen.«
    d) »Der Rest ist Schweigen.«

G. Unterhaltung, Sport

1. Wann wurden die ersten Olympischen Spiele der Neuzeit ausgetragen?
   a) 1900 in Paris
   b) 1866 in Olympia
   c) 1908 in London
   d) 1896 in Athen

2. In welcher Sportart gibt es eine »spanische Eröffnung«?
   a) beim Kricket
   b) beim Schach
   c) beim Polo
   d) beim Golf

3. Welcher Boxkampf ging als »Rumble in the jungle« in die Sportgeschichte ein?
   a) Evander Holyfield vs. Mike Tyson 1997
   b) Max Schmeling vs. Joe Louis 1938
   c) George Foreman vs. Muhammad Ali 1974
   d) Jake LaMotta vs. Sugar Ray Robinson 1943

4. Wie lautet die Bezeichnung im Fußball für drei vom gleichen Spieler in unmittelbarer Reihenfolge während einer Halbzeit erzielte Tore?
   a) Hattrick
   b) dreifacher Rittberger
   c) Powerplay
   d) Triple

5. Was versteht man unter »Tai Chi Chuan«?
   a) eine aztekische Zweikampfart, bei der außer Händen und Beinen auch ein Seil eingesetzt werden durfte
   b) eine dem Schattenboxen ähnelnde gymnastische Übung, die aus dem chinesischen Raum stammt und der inneren Ruhe dienen soll
   c) eine japanische Kampfsportart, die dem Karate ähnelt und nur von Angehörigen eines Klosterordens betrieben werden darf
   d) die thailändische Bezeichnung für Thaiboxen

6. Bei welcher Sportart ist körperloses Spiel höchstes Gebot?
   a) beim Hallenhandball
   b) beim Fußball
   c) beim Basketball
   d) beim Rugby

7. Was versteht man unter dem »Iron Man«?
   a) den Schwergewichtsweltmeister im Gewichtheben
   b) den Meister aller Klassen im Sumo-Ringen
   c) den von allen Boxverbänden anerkannten Schwergewichtsweltmeister
   d) einen Ultra-Triathlon-Wettbewerb, bestehend aus 3,8 km Schwimmen, 180 km Radfahren und der Marathondistanz (42,195 km) Laufen, der seit 1977 auf Hawaii ausgetragen wird

8. In welchem Jahr wurde Deutschland zum erstenmal Fußballweltmeister?
   a) 1934
   b) 1972
   c) 1954
   d) 1926

9. Welche Disziplin ist nicht Bestandteil des modernen Fünf-kampfes?
   a) Freistilschwimmen
   b) Speerwurf
   c) Springreiten
   d) Degenfechten

10. Was bedeutet die Bezeichnung »Grand Slam«?
   a) der Gewinn der bedeutendsten Turniere einer Sportart durch eine Person während einer einzigen Saison (beim Tennis sind dies die internationalen Meisterschaften von Australien, Frankreich, England und der USA)
   b) die am höchsten gewertete Blattkombination beim Stadt-Poker
   c) ein spektakuläres, sehr umstrittenes Pferde-Hindernis-rennen bei Liverpool
   d) im Motorsport der Sieg in 3 aufeinanderfolgenden Ren-nen durch einen Fahrer

11. Wie viele Feldspieler dürfen in der Regel während eines Fußballspieles ausgewechselt werden?
   a) 1 Spieler
   b) 4 Spieler
   c) 2 Spieler
   d) 3 Spieler

12. Welcher Tanzstil gehört nicht zu den lateinamerikanischen Tänzen?
   a) der Paso doble
   b) der Jive
   c) der Flamenco
   d) die Rumba

13. Über wieviel Runden geht ein Boxkampf um den Welt-
    meistertitel im Schwergewicht?
    a) über 9 Runden
    b) über 15 Runden
    c) über 10 Runden
    d) über 12 Runden

14. Was versteht man beim Tennis unter einem As?
    a) einen deutlichen Sieg ohne einen Aufschlagverlust
    b) einen Ball, der gegen die Laufrichtung des Gegners ge-
       spielt wird
    c) den Gewinner der internationalen US-Meisterschaft in
       Flushing Meadows
    d) einen direkt verwandelten, für den Gegner unerreich-
       baren Aufschlagball

15. In welcher Sportart gibt es einen Penalty?
    a) beim Eishockey
    b) beim Basketball
    c) beim Hallenhandball
    d) beim Curling

16. Welche Disziplinen umfaßt die alpine Dreier-Kombinati-
    on?
    a) Skilanglauf, Skispringen, Abfahrtslauf
    b) Abfahrtslauf, Slalom, Riesenslalom
    c) Skilanglauf, Super-G, Slalom
    d) Skispringen, Abfahrtslauf, Slalom

17. Was ist ein Bolide?
    a) ein sehr rhythmisch vorgetragener spanischer Tanz mit
       Kastagnettenbegleitung
    b) der Steuermann beim Rudern

c) ein stark motorisierter Rennwageneinsitzer

d) ein historischer Begriff aus dem Ringen; in der Antike wurde als Bolide der auf lange Zeit unbezwingbar geltende Sieger des olympischen Turnieres bezeichnet

18. Nach wieviel Schlägen wechselt in der Regel beim Tischtennis der Aufschlag?

a) nach 7 Aufschlägen

b) nach 3 Aufschlägen

c) nach 10 Aufschlägen

d) nach 5 Aufschlägen

19. Wofür steht der Ausdruck »Black Jack«?

a) für die englische Bezeichnung des Schiedsrichters beim Fußball

b) für eine Kartenspielart

c) für die alljährliche Auszeichnung des besten amerikanischen Basketballspielers

d) für den Gewinner der Rallye Paris-Dakar

20. Was ist beim Ringen der griechisch-römische Stil?

a) eine Stilart, bei der nur Griffe oberhalb der Gürtellinie ohne Einsatz der Beine angewendet dürfen

b) eine selten praktizierte Variante, bei der sich die Gegner vor dem Kampf mit Olivenöl einreiben, um so nur schwer gegriffen werden zu können

c) die Kampfart, bei der Griffe am gesamten Körper mit Ausnahme des Kopfes und der Genitalien gestattet sind

d) der Stil, bei dem ausschließlich nach der Gewichtung der verwendeten Griffe gewertet wird, es also unerheblich ist, ob ein Ringer mit seinen Schultern die Ringmatte berührt

21. In welcher Sportart gibt es die Bezeichnung »Libero«?
    a) im Handball
    b) im Streetball
    c) im Fußball
    d) im Volleyball

22. Was versteht man unter »Biathlon«?
    a) die Kombination aus Springreiten und Radrennen
    b) einen Extremwettbewerb mit 2 Marathonläufen inner-
       halb von 12 Stunden
    c) im Golfsport die Bezeichnung der 2-rädrigen Begleit-
       karre für das Equipment
    d) eine olympische Wintersportart, die aus einer Kombi-
       nation aus Skilanglauf und Schießen (liegend und ste-
       hend) besteht; Fehlschüsse führen dabei zu Strafzeiten
       oder Extrarunden

23. Wie hieß der Errichter des ersten öffentlichen Turnplatzes
    in Berlin und Erfinder von Barren und Reck?
    a) Otto Fürst von Bismarck
    b) Friedrich Ludwig Jahn
    c) Pierre Baron de Coubertin
    d) Hermann von Pückler-Muskau

24. Wodurch wurde der 1930 in der Sowjetunion geborene
    Oleg Konstantinowitsch Popow weltbekannt?
    a) als bester Clown des Moskauer Staatszirkus mit unver-
       wechselbarem Stil
    b) als weltbester Torhüter der 50er und 60er Jahre; er erfand
       die Spielweise des mitspielenden Torwarts
    c) er wurde mit 17 jüngster Schachweltmeister überhaupt
    d) durch seinen vollständig neuen Stil im Eiskunstlaufen,
       mit dem er diese Sportart revolutionierte

25. Auf welche Maße ist die Größe eines Tennisfeldes festgelegt?
    a) 32,21 m mal 12,42 m
    b) 40,00 m mal 15,00 m
    c) 23,77 m mal 8,23 m
    d) 66,00 m mal 33,00 m

26. Wie ist der Name der weltberühmten Sportarena in New York, deren Ursprung auf eine Sporthalle von 1874 zurückgeht?
    a) Caesar's Palace
    b) Madison Square Garden
    c) the Colosseum
    d) Royal Albert Hall

27. Aus welchen Disziplinen setzt sich die Nordische Kombination zusammen?
    a) aus Skispringen und Riesenslalom
    b) aus Abfahrtslauf und 30 km-Skilanglauf
    c) aus Rodeln und Bobfahren
    d) aus 15 km-Skilanglauf und Skispringen

28. Was versteht man unter einer »Doublette«?
    a) einen Begriff aus dem Boxsport; dabei wird mit der gleichen Faust zweimal hintereinander geschlagen, wobei die Hauptkraft in den zweiten Schlag gelegt wird
    b) einen Begriff aus dem Reitsport; beim Turnierspringen müssen zwei dicht hintereinander aufgebaute Hindernisse fehlerfrei übersprungen werden
    c) eine Zweierkombination im Eiskunstlauf bestehend aus Salchow und Axel
    d) eine Figurenkombination aus Schraube und Salto im Turmspringen

29. Wieviel Spieler zählen zu einer Rugbymannschaft?
    a) 9 Spieler
    b) 18 Spieler
    c) 15 Spieler
    d) 11 Spieler

30. Wie lautet die Bezeichnung für ein Rundstreckenrennen (vor allem beim Radsport)?
    a) Dex-Plieu
    b) Omnium
    c) Rondell
    d) Kriterium

31. Welcher Boxverband ist kein offizieller Ausrichter von Weltmeister-Titelkämpfen?
    a) Global Boxing Organisation (GBO)
    b) World Boxing Association (WBA)
    c) World Boxing Council (WBC)
    d) International Boxing Federation (IBF)

32. Was bedeutet beim Roulette-Spiel der Satz »Rien ne va plus« (Nichts geht mehr)?
    a) Mit diesen Worten wird Personen der Einlaß in eine Spielbank verwehrt, wenn diese auf einer »roten Liste« stehen (z. B. wegen Wettschulden).
    b) Nach diesem Ausspruch des Spieltischleiters ist kein Wetteinsatz mehr möglich.
    c) Der Spielbetrieb wird eingestellt wegen Zahlungsunfähigkeit (»Sprengung«) der Spielbank.
    d) Einem Spieler werden keine Coupons mehr eingetauscht, da dieser den ihm zugestandenen Kreditrahmen bereits völlig ausgeschöpft hat.

33. In welchem Zeitraum fanden die Olympischen Spiele der Antike statt?
    a) 776 v. Chr. bis 393 n. Chr.
    b) 224 v. Chr. bis 136 v. Chr.
    c) 34 v.Chr. bis 188 n. Chr.
    d) 333 v. Chr. bis 120 n. Chr.

34. Mit wieviel Figuren beginnt ein Spieler das Schachspiel?
    a) mit 12 Figuren
    b) mit 20 Figuren
    c) mit 16 Figuren
    d) mit 14 Figuren

35. Was versteht man unter einem »Birdie«?
    a) den Jockey (Reiter) beim Pferderennen; dieser sollte möglichst wenig Gewicht haben und ist daher meist recht klein gewachsen; daher die Bezeichnung Birdie, was auf deutsch Vögelchen bedeutet
    b) einen Fußballspieler, der durch spektakuläre Stürze (Schwalben genannt, daher »Vögelchen«) beim Zweikampf Freistöße für sein Team provozieren will
    c) im Boxsport einen sehr unterlegenen Gegner, der oft bei Aufbau- oder Vorkämpfen »verheizt« wird
    d) einen Begriff aus dem Golfsport; als Birdie bezeichnet man den Gewinn eines Loches mit einem Schlag unter der festgesetzten Norm

36. Welche Sportart wird nicht in Gewichtsklassen unterteilt?
    a) Judo
    b) Zehnkampf
    c) Ringen
    d) Gewichtheben

37. Wann und wo fanden zum zweiten Mal Olympische Sommerspiele in Deutschland statt?
    a) 1972 in München
    b) 1956 in Berlin
    c) 1968 in Köln
    d) 1964 in Hamburg

38. Was symbolisieren die 5 Ringe in der olympischen Flagge?
    a) die 5 Ringe stehen für die 5 Nationen, die bei den olympischen Spielen der Antike Sportler nach Olympia entsenden durften
    b) die 5 sportlichen Tugenden: Fairness, Sportsgeist, Friedfertigkeit, Hilfsbereitschaft und Siegeswille
    c) die 5 Kontinente der Erde
    d) sie stehen für den ursprünglich in der Antike durchgeführten Wettbewerb im klassischen Fünfkampf

39. Wie heißt das offizielle Wettverfahren, bei dem auf die Ergebnisse von Fußballspielen gewettet wird?
    a) Fußball-Lotto
    b) Soccering
    c) Match-Wette
    d) Fußball-Toto

40. Was versteht man unter einem Skateboard?
    a) das Brett, das zum Wellenreiten (Surfen) benutzt wird
    b) ein Spiel- und Sportgerät, das aus einem Brett besteht, welches auf 4 Rädern federnd befestigt ist; man bewegt sich stehend durch Abstoßen voran, die Richtungsänderungen werden durch Gewichtsverlagerung bewirkt
    c) einen speziellen Mono-Ski, auf dem beide Beine hintereinander befestigt sind und mit dem man sich ähnlich wie beim Surfen bewegt

d) die Trainings- und Wettkampfbahn der Inline-Skater, die ähnlich wie ein abgerundetes U gestaltet ist und auf der Schwung günstig in Gegenschwung umgesetzt werden kann

H. Bedeutende Persönlichkeiten

Wer ist / war ...

1. Alexander von Humboldt (1769-1859)?
   a) preußischer Staatsmann, befreundet mit Goethe und Schiller
   b) deutscher Arzt und Begründer des modernen Krankenhauswesens
   c) deutscher Naturforscher und Begründer der wissenschaftlichen Geographie
   d) Stifter der Humboldt-Universität zu Berlin

2. Ferdinand Lassalle (1825-1864)?
   a) Gründer des Allgemeinen Deutschen Arbeitervereines 1863 in Leipzig
   b) bedeutendster französischer Arzt des 19. Jh.
   c) Entdecker der Großen Antillen
   d) Gründer des deutschen Roten Kreuzes

3. Archimedes (285-212 v. Chr.)?
   a) griechischer Philosoph und Lehrer Alexander des Großen
   b) mazedonischer Astronom und Entdecker der Fliehkraft
   c) griechischer Asket, Lehrer der Thesen des universellen Verzichts
   d) griechischer Gelehrter, Physiker, Ingenieur und Mathematiker, Entdecker des Hebelgesetzes und des spezifischen Gewichtes sowie der Zahl π

4. Nelson Mandela (*1918)?
   a) amerikanischer Bürgerrechtler, setzte sich ein für die Rassenintegration
   b) südafrikanischer Bürgerrechtler und Kämpfer gegen die Apartheid, Präsident von Südafrika, Friedensnobelpreisträger 1993, 1991-97 Vorsitzender des ANC
   c) Revolutionsführer und späterer Staatchef des Kongo (ehem. Zaire)
   d) Anführer der Unabhängigkeitsbewegung von Ost-Timor

5. Ignatius von Loyola (1491-1556)?
   a) Gründer des Deutschen Ritterordens im Baltikum
   b) Steuermann in der Flotte von Christoph Kolumbus
   c) spanischer Freiheitskämpfer in der Reconquista
   d) Gründer des Ordens der Jesuiten 1534 in Paris

6. Ruggiero Leoncavallo (1857-1919)?
   a) italienischer Baumeister des Historismus in Florenz
   b) venezianischer Naturwissenschaftler und Astronom
   c) italienischer Opernkomponist
   d) italienischer Meisterkoch, Erfinder der »Cucina Nova«

7. Pina Bausch (*1940)?
   a) erste Parlamentspräsidentin der Bundesrep. Deutschland
   b) schweizer. Frauenrechtlerin und Kämpferin für die Einführung des Frauenwahlrechts in der Schweiz
   c) deutsche Tänzerin und Choreographin, Vertreterin des »New Dance«
   d) österreichische Schriftstellerin und überzeugte Vertreterin des Europäischen Gedankens

8. Roald Amundsen (1872-1928)?
   a) englischer Schriftsteller, Verfasser von skurril-logischen

Kurzgeschichten

b) norwegischer Polarforscher, erreichte als erster Mensch am 14. Dezember 1911 den Südpol, 1928 im Eismeer verschollen

c) schwedischer Ministerpräsident, 1928 erschossen

d) norwegischer Wintersportler, Gewinner von 7 olympischen Goldmedaillen

9. Oskar Kokoschka (1886-1980)?
   a) österreichischer Maler, Graphiker und Schriftsteller
   b) Begründer der Wiener Schule für Belletristik
   c) österreichischer Avantgarde-Filmregisseur (»Des Schweigens letzter Schrei«)
   d) Inhaber eines Auktionshauses in München

10. Ernst Heinkel (1888-1958)?
    a) Erfinder der Taschenuhr mit automatischem Laufwerk
    b) deutscher Ingenieur und Flugzeugbauer, Erfinder des Turbostrahltriebwerks
    c) bedeutendster Waschmittelfabrikant Deutschlands in der 1. Hälfte des 20. Jh.
    d) Erfinder der Turbinentechnik in Wasserkraftwerken

11. Aung San Suu Kyi (*1945)?
    a) Königin von Thailand
    b) chinesische Oppositionsführerin
    c) birmanische Politikerin und Bürgerrechtlerin, Friedensnobelpreisträgerin 1991
    d) amerikanische Broadwaytänzerin vietnamesischer Abstammung

12. Alfred Nobel (1833-1896)?
    a) österreichisch-ungarischer Außenminister 1889-94

b) Gründer des Naturkundemuseums in Stuttgart

c) schwedischer Chemiker und Stifter des nach ihm benannten Preises

d) schweizer. Kunstforscher (v. a. in Nordafrika)

13. Heinrich Böll (1917-1985)?

a) SPD-Vorsitzender 1956-59

b) deutscher Schriftsteller, erhielt 1972 den Literaturnobelpreis

c) Regierungssprecher der sozial-liberalen Koalition in Bonn 1978-82

d) Strafverteidiger von Ulrike Meinhof in den Baader-Meinhof-Prozessen

14. Vasco da Gama (1469-1524)?

a) Entdecker des Seeweges um Afrika nach Indien

b) Entdecker Alaskas

c) Entdecker der Kurilen-Inselgruppe

d) Entdecker Ceylons

15. Marie Curie (1867-1934)?

a) polnisch-französische Chemikerin, Entdeckerin des Radiums, Nobelpreisträgerin für Physik 1903 und Chemie 1911

b) bedeutende französische Malerin des Expressionismus (»La femme chinoise«)

c) französische Tänzerin im »Moulin Rouge« in Paris

d) berühmte belgische Köchin (u. a. Hotel Ritz, Paris)

16. Leonardo da Vinci (1452-1519)?

a) spanischer Konquistador und Eroberer Mexikos

b) venezianischer Seefahrer im Dienste Portugals

c) portugiesischer Arzt und Alchemist

d) bedeutender italienischer Erfinder, Bildhauer und Maler der Hochrenaissance

17. Ernesto (»Che«) Guevara Serna (1928-1967)?
   a) Jesuitenpater in Brasilien, populär durch sein soziales Engagement für die Rechte der Indios und für die Bewohner der Großstadtslums
   b) Juntachef in Chile beim Putsch 1973
   c) kubanischer Revolutionär und Guerillaführer in Bolivien
   d) populärer Sänger und Schauspieler in Argentinien (u. a. in »Evita«)

18. Ernst Wiechert (1887-1950)?
   a) Begründer der Seismologie (Erdbebenkunde)
   b) bedeutender deutscher Schriftsteller und Romanautor
   c) Minister in der Weimarer Republik
   d) Begründer der Farbenlehre

19. Maria Callas (1923-1977)?
   a) berühmte griechische Sopran-Sängerin und Operndiva
   b) ursprüngl. Name der Ehefrau von Robert Kennedy und »First Lady« der USA
   c) populäre Hollywood-Schauspielerin (u. a. »Onassis«)
   d) Ministerpräsidentin Griechenlands 1972-77

20. Heinrich von Stephan (1831-1897)?
   a) Autor des »Sachsenspiegels«
   b) Erzbischof von Mainz 1888-97
   c) Architekt des Stephansdoms in Wien
   d) Gründer des Weltpostvereins und Staatssekretär des Reichspostamtes

21. Albert Camus (1913-1960)?
    a) französischer Filmschauspieler
    b) französischer Schriftsteller des Existentialismus und des aktiven Humanismus
    c) französischer Kulturminister der Fünften Republik
    d) frankokanadischer Separatistenführer in Quebec

22. Sigmund Freud (1856-1939)?
    a) österreichischer Pädagoge der »Laisser-faire«-Richtung
    b) schweizer. Naturwissenschaftler und Zoologe
    c) deutscher Theologe und Philosoph
    d) österreichischer Nervenarzt und Begründer der Psychoanalyse

23. Galileo Galilei (1564-1642)?
    a) italienischer Naturwissenschaftler, Physiker und Astronom, geriet wegen seines heliozentrischen Weltbildes in Konflikt mit der katholischen Kirche
    b) sizilianischer Arzt und Gelehrter
    c) spanischer Maler und Bildhauer
    d) portugiesischer Seefahrer und Begründer der neuen Navigation

24. Robert Koch (1843-1910)?
    a) niederländischer Begründer der modernen Heilpraktik
    b) zeitweiliges Pseudonym des Firmenchefs Dr. Oetker
    c) deutscher Arzt und Begründer der Bakteriologie, Nobelpreisträger 1905
    d) Inhaber der ersten Großbäckerei in Deutschland

25. Mahatma Gandhi (1869-1948)?
    a) indisch-britischer Jazzmusiker
    b) indischer Unabhängigkeitskämpfer mit den Methoden

des gewaltlosen Widerstandes

c) sehr umstrittener indischer Guru und Sektengründer in Poona

d) indischer Architekt der indo-modernistischen Stilrichtung (Chandigarh)

26. Otto Hahn (1879-1968)?
   a) österreichischer Mediziner, Forscher im Bionuklearsektor
   b) deutscher Atomforscher und Chemiker, Nobelpreisträger für Chemie 1944
   c) deutscher Agrarwissenschaftler (Agrarthesen der EWG)
   d) schweizer. Ingenieur und Brückenbauer

27. Rosa Luxemburg (1870-1919)?
   a) deutsche Malerin des Impressionismus
   b) amerikanische Schriftstellerin deutscher Abstammung
   c) schweizer. Physikerin und Ärztin
   d) deutsch-polnische Politikerin (Spartakusbund), 1919 ermordet

28. Carl Orff (1895-1982)?
   a) deutscher Komponist (u. a. »Carmina Burana«)
   b) deutscher Außenminister unter Konrad Adenauer
   c) umstrittener schwedischer Schriftsteller (»Sinn des Meuchelns«)
   d) Schauspieler des deutschen Realismus nach dem Zweiten Weltkrieg

29. Andy Warhol (1928-1987)?
   a) amerikanischer Rockmusiker
   b) britischer Filmemacher (»New British Moviement«)
   c) amerikanischer Regisseur, Fotograf, Künstler (amerika-

nische Pop-Art)

d) amerikanischer Politiker und Regierungskritiker der
Vietnam-Ära

30. Stephen William Hawkin (*1942)
a) Manager und Produzent der britischen Rockgruppe
»Rolling Stones« 1963-92
b) amerikanischer Filmregisseur
c) bedeutender britischer Physiker, Theorien und For-
schungen zur Entstehung des Universums, Einführung
einer neuen Zeitdimension, »Lukasischer Professor«
d) amerikanischer Leichtathletikstar, Gewinner von acht
Goldmedaillen

31. Jean-Paul Sartre (1905-1980)?
a) belgischer Filmschauspieler
b) französischer Schriftsteller und Philosoph, Hauptvertreter des Existentialismus
c) französischer Sozialwissenschaftler und Pädagoge
d) französischer Theaterregisseur

32. Francis Ford Coppola (*1933)?
a) englischer Fußballnationalspieler (»Wembley-Tor«)
b) amerikanischer Maler und Bildhauer (»L.A.-Action-
Painting«)
c) britischer Außenminister der Regierung Thatcher, Initiator des Falklandkrieges
d) bedeutender amerik. Filmregisseur (»Apocalypse Now«,
»Der Pate«)

33. Johannes Kepler (1571-1630)?
a) deutscher Astronom und Naturforscher, Entdecker der
Planetengesetze

b) deutscher Physiker und Entdecker der Mondkrater

c) niederländischer Naturwissenschaftler, Erforscher der Mondgravitation

d) österreichischer Alchemist, Vertreter der Sonnenkraft-Theorie

34. Konrad Lorenz (1903-1989)?

a) schweizerischer Kabarettist der 30er und 40er Jahre des 20. Jh.

b) deutscher Geologe und Seismograph (»Lorenz-Strom«)

c) österreichischer Verhaltensforscher, Nobelpreisträger 1973

d) deutscher Pädagoge und Philosoph

35. Alexander Fleming (1881-1955)?

a) österreichischer Theaterregisseur am Hoftheater Salzburg

b) britischer Bakteriologe, Entdecker des Penicillins, Nobelpreisträger 1945

c) amerikanischer Arzt, Entdecker der Viren

d) britischer Buchautor, Schöpfer der James-Bond-Figur

36. Jean-Jacques Rousseau (1712-1778)?

a) französischer Maler, Hauptvertreter der Naiven Malerei

b) französischer Autor und Philosoph, Lehre von der Souveränität des Volkes

c) Anführer der Französischen Revolution

d) bürgerlicher Name des französischen Königs nach der Revolution

37. Willy Brandt (1913-1992)?

a) Gründer und erster Vorsitzender des DGB (Deutscher Gewerkschaftsbund)

b) erster Präsident der BR Deutschland

c) erster frei gewählter Präsident der Volkskammer der ehem. DDR

d) deutscher Bundeskanzler 1969-74, Vorsitzender der SPD 1964-87, Präsident der Sozialistischen Internationalen 1976-92, Friedensnobelpreisträger 1971

38. Benjamin Franklin (1706-1790)?

a) amerikanischer Politiker, Co-Autor der amerik. Verfassung, und Naturforscher, Erfinder des Blitzableiters

b) schottischer Opernkomponist (»Scotia Nova«)

c) britischer Polarforscher, auf der Suche nach der Nordwest-Passage verschollen

d) englischer Romanautor

39. Clara Schumann (1819-1896)?

a) deutsche Pädagogin, Anhängerin des Waldorf-Gedankens

b) deutsche Sozialistin und Gegnerin Bismarcks

c) deutsche Komponistin und Pianistin

d) Wiener Philosophin

40. Wilhelm Conrad Röntgen (1845-1901)?

a) luxemburgischer Chemiker und Entdecker des Ozons

b) deutscher Arzt und Entdecker des Tuberkelvirus

c) Erfinder des Fotoapparates

d) deutscher Physiker, Entdecker der Röntgenstrahlen, 1. Nobelpreisträger der Physik 1901

41. Sophie Scholl (1921-1943)?

a) französische Chansonette

b) deutsche Widerstandskämpferin gegen die NS-Diktatur, 1943 ermordet

c) Schauspielerin bei der UFA

d) deutsch-tschechische Ballettänzerin

42. August Bebel (1840-1913)?

a) deutscher Politiker und Mitbegründer der Sozialdemo-
kratie

b) Gründer der Bibelgesellschaft in Stuttgart

c) Arzt und Naturforscher in Patagonien

d) österreichischer Operettenkomponist

43. Carl Gustav Jung (1875-1961)?

a) dänischer Naturforscher und Umweltschützer

b) deutscher Pädagoge, Leiter der Freiheitsschule in Mesum

c) deutscher Schriftsteller und Drehbuchautor

d) schweizer. Psychologe und Begründer der psychologi-
schen Typenlehre

44. Marco Polo (1254-1324)?

a) Schriftsteller des Mittelalters, Autor von Heldenepen

b) Erfinder des Polospiels in Neapel

c) venezianischer Asienreisender und Verfasser von Län-
derbeschreibungen

d) Philosoph und Mathematiker in Mailand

45. James Watt (1736-1819)?

a) Erfinder des Drehstroms

b) britischer Ingenieur, Erfinder der Dampfmaschine

c) Erfinder der Glühbirne

d) texanischer Erfinder des Revolvers

46. Käthe Kollwitz (1867-1945)?

a) deutsche Bildhauerin und Grafikerin mit sozialem Engagement

b) schweizerische Geologin

c) deutsche Ordensschwester, Gründerin des Demutordens in Indien

d) österreichische Politikerin und Frauenrechtlerin

47. Adam Smith (1723-1790)?

a) amerikanischer Naturwissenschaftler und Philosoph

b) australischer Geschichtsforscher und Mineraloge

c) britischer Volkswirtschaftler und Moralphilosoph, Thesen zur Erlangung des Volkswohlstands durch Arbeitsteilung

d) schottischer Unabhängigkeitskämpfer

48. Ernest Mandel (*1923)?

a) österreichischer Fußballnationaltrainer 1967-76

b) schweizerischer Maler und Romanautor

c) deutscher Naturwissenschaftler und Sachbuchautor

d) belgischer Wirtschaftswissenschaftler und Schriftsteller

49. Max Planck (1858-1947)?

a) schweizerischer Theologe, Verfechter des ökumenischen Gedankens

b) deutscher Physiker und Nobelpreisträger 1918, Begründer der Quantentheorie

c) deutscher Philosoph und Autor

d) Sozialökonom der k. u. k.-Monarchie

50. Françoise Sagan (*1935)

a) französische Schriftstellerin (»Bonjour Tristesse«)

b) belgische Filmschauspielerin

c) schweizererische Tänzerin, Vertreterin des »New Hard Flamenco«

d) französische Philosophin

51. Karl Marx (1818-1883)?
   a) deutscher Gewerkschaftsgründer
   b) deutsch-britischer Pädagoge, Lehre vom staatlichen Ungehorsam
   c) deutscher Politiker, Gründungsmitglied der SPD
   d) deutscher Philosoph und Begründer des wissenschaftlichen Sozialismus

52. Muhammad Ali (*1942)?
   a) Führer der Black-Panther-Bewegung in den USA
   b) mehrfacher amerikanischer Boxweltmeister im Schwergewicht mit unverwechselbarem Stil (»Ali-Shuffle«)
   c) US-Bürgerrechtler, Kämpfer für die Rechte der Schwarzen
   d) südafrikanischer Anti-Apartheitskämpfer

53. Sokrates (470-399 v. Chr.)?
   a) griechischer Philosoph und Lehrer, zum Selbstmord gezwungen
   b) mazedonischer Feldherr im Kampf gegen Kreta
   c) griechischer Mathematiker und Naturwissenschaftler
   d) König und Erbauer des Palastes von Knossos

54. Coco Chanel (1883-1971)?
   a) französische Philosophin, Vertreterin des Existentialismus
   b) belgische Filmschauspielerin und Regisseurin (»Deux choses du même genre«)
   c) französische Modeschöpferin (»Das Kleine Schwarze«)
   d) französische Frauenrechtlerin und Autorin

55. Heinrich von Kleist (1777-1811)?
   a) schweizerischer Philosoph und Humanist

b) deutscher Arzt und Naturforscher

c) preußischer General und Heeresführer

d) deutscher Dichter und Dramatiker (»Der zerbrochene Krug«)

STICHWORTINDEX

In diesem Index sind die Stichwörter nicht wie allgemein üblich mit Seitenzahlen versehen, sondern direkt den Fragen samt den entsprechenden Themengebieten zugeordnet. So können Sie über das Stichwort sofort erkennen, in welche Kategorie dieses einzuordnen ist. Mit der Thematik der jeweiligen Frage vertraut, ist ein effektiverer und rascherer Lernerfolg wahrscheinlich.

Hier noch einmal die Buchstabenzuordnung für die einzelnen Themengebiete:

A. Staat, Politik
B. Gesellschaft, Wirtschaft
C. Geschichte, Religion
D. Biologie, Geographie, Astronomie
E. Chemie, Physik, Mathematik, Technik
F. Kunst, Literatur, Musik
G. Unterhaltung, Sport
H. Bedeutende Persönlichkeiten

DER HÄRTETEST

Keine Sorge, die folgenden Fragen gehören mit nur zwei Ausnahmen (Testfrage: Welche?) nicht zum Repertoire der Tester. Versuchen Sie dennoch einmal, die 30 Fragen in 20 Minuten ohne Hilfsmittel zu beantworten. Sollten Sie mehr als 15 richtige Antworten gehabt haben, war der Kauf dieses Buches eine für Sie nicht unbedingt notwendige, aber – so hoffen wir – jedoch interessante Investition.

1. Was ist eine Myriade?
2. Wie lautet der Name des Urkontinents der Erde vor dessen Auseinanderbrechen in einzelne Erdteile vor über 250 Mill. Jahren?
3. Woher stammt die Bezeichnung »Beelzebub«, und was für eine historische Bewandtnis hat es damit auf sich?
4. Wer waren die Menschen, die Amerika entdeckten?
5. Was sind »Kökkenmöddinger«?
6. Wofür steht der Begriff »Photopsie«?
7. Was ist der Grund dafür, daß Weihnachten am 25. Dezember gefeiert wird?
8. Unter welchem Namen ist die politisch neuralgische Region Bod-Yul (auch Xizang Zizhiqu) bei uns bekannt?
9. Welche Länge hat ein 10 Mark-Schein?
10. Wie lautet der Name des Forschers, der das Ziel seiner letzten Expedition mit den Worten »Dies ist ein schrecklicher Ort« beschrieb?

11. Was besagt die »Out of Africa-Theorie«?
12. Welche Entfernung legt das Licht im Vakuum in der Zeit von 1/299792458 Sekunde zurück?
13. Was versteht man unter »Phänomenologie«?
14. Wieso ordnet man den Begriff »Headhunter« nicht der Ethnologie zu?
15. Was ist eine Protuberanz?
16. Was bedeutet »Borussia«?
17. Woher stammen die Ausdrücke »Blauer Montag« bzw. »blau machen«?
18. Was sind die Apokryphen?
19. Was bewegt sich mit etwa 30 Kilometer in einer Sekunde?
20. Welcher britische Unternehmer bewirkte durch sein rücksichtsloses Geschäftsgebaren, daß kein Mensch mehr bereit war, mit ihm Geschäfte zu tätigen?
21. Was versteht man unter Bigotterie?
22. Was ist die Definition für 1 Sekunde?
23. Woher stammt der Name »Amerika«?
24. Wofür steht der Ausdruck »Zen«?
25. Wer war Norma Jean Baker?
26. Was ist ein Australopithecus?
27. Was bedeutet der Notruf »Mayday«?
28. Unter welchem Namen ist der weltberühmte Felsen Uluru bei uns bekannt?
29. Wieso ist es theoretisch unmöglich, in die Vergangenheit zu reisen?
30. »Llanfairpwllgwyngyllgogerychwyrndrobwllllantysiliogogogoch«, was verbirgt sich hinter diesem Wortungetüm?

KLEINES LEXIKON: TESTWISSEN

Wir haben zahlreiche Einstellungstests auf die Häufigkeit von verwendeten Worten und Begriffen analysiert. Die folgende Auflistung enthält weitestgehend die Begriffe, auf die bisher nicht speziell eingegangen wurde, die aber oft in irgendeiner Form Bestandteil von Tests sind. Es geht hierbei häufig nur um die richtige Schreibweise; manchmal haben wir, wo es notwendig erschien, eine kurze Erklärung beigefügt.

A

abstrakt *begrifflich, nur erdacht*
abstrus *verworren*
absurd *widersinnig*
Ährenkörner
ärgerlich
AG *Aktiengesellschaft*
aggressiv
agil *flink, geschäftig*
Akelei *Zierpflanze*
Akkord *Zusammenklang; Stücklohn*
akut
AKW *Atomkraftwerk*
Alaska
Allee
Allergie
Allianz *Bündnis*
Almosen *Gabe*
altruistisch *uneigennützig*
Aluminium
Amazone *u.a. Kriegerin in der Antike*

Anämie *Blutarmut*
analog *entsprechend, gleichartig*
Anatomie *medizinisches Fachgebiet; Form, Körperbau*
Anekdote *kurze, lustige Geschichte*
annähernd
Annonce *Anzeige*
annoncieren *eine Anzeige aufgeben, anzeigen*
anonym
anstatt
Anstoß
Anthropologie *Wissenschaft von der Entwicklung des Menschen*
Anubis *Ägyptischer Gott*
Apparat
Appetit
Aquarell
Aragon, Louis A., *franz. Schriftsteller (1897-1982)*
Ararat *erlosch. Vulkan in der Türkei;*

Stadt in Australien
Arbeitsmilieu
Armada *Seestreitmacht*
Arrest
Artist
Aspekt
Assuan *Stadt in Oberägypten*
Asthma *anfallsweise Atemnot*
Atheist
athletisch
Attila *Hunnenkönig*
Augenliderhärchen *Wimpern*
Avalon *u.a. Halbinsel in Neufund-*
land

B

Ballade *dramatisch-lyrisches Gedicht*
Bambus
Barometer
Bauxit *Aluminiumerz*
bemäkeln *kritisieren, meckern*
Bibliothek
Bizeps *Oberarmmuskel*
böswillig
Bonbonniere *Gefäß für Süßigkeiten*
Bombay *Stadt in Indien*
    (heute: Mumbai)
Bovist *Pilz*
Brahms, Johannes B. *Komponist*
    (1833-1897)
Branche
Brokat *kostbares Seidengewebe*
Brügge *Stadt in Belgien*
Budget *Haushaltsplanung*
Byzanz *alter Name von Istanbul*

C

CD *Corps Diplomatique;*
    digitaler Datenträger
Chalet *Ferienhaus*
Champignon *genießbarer Pilz*
Charge *u.a. Dienstgrad; Nebenrolle*
Chaussee
Chemikalien
Chopin, Frédéric C. *Komponist*
    (1809-1849)

Chor
Choral *Kirchengemeindegesang;*
    religiöses Lied
Chronik *geschichtl. Aufzeichnung*
chronisch *langsam verlaufend;*
    ständig
Couvier, Georges C. *franz. Anatom*
    und Zoologe (1769-1832)

D

Dahlie *Blütenpflanze*
Darwin, Charles *brit. Naturforscher*
    (1809-1882)
debattieren
definieren
Deformation *Verformung;*
    Verunstaltung
deklamieren *u.a. vortragen*
deklarieren *bezeichnen*
Delegation *Abordnung*
Delhi *Stadt in Indien*
Delikt *Vergehen*
Delphi *altgriechische Tempelstadt*
Delta *griech. Buchstabe (D, d),*
    Flußmündungsgebiet
demütigen
Depesche *veraltet für Telegramm*
Deserteur *Fahnenflüchtiger*
Despot *Tyrann*
Detail *Einzelheit*
detailliert
Determinante *Fachausdruck in der*
    Algebra; bestimmbarer Faktor
Devise *Leitspruch*
Devisen *u. a. Zahlungsmittel*
dezent
Dezimalwaage
Differenz
Dilemma *Zwangslage*
Diskus *u.a. Wurfsportgerät*
Diskussion
Distel
Disziplin
Dörrobst
Drehorgel
Dreschflegel

Druide *keltischer Priester*
Dünkel *Einbildung, Hochmut*
Dvořák, Anton D. *Komponist*
(1841-1904)

E

Edison, Thomas A. E. *Erfinder*
(1847-1931)
Effekt
Effizienz *Wirksamkeit*
ehrerbietig
Eidechse
elastisch
Emblem *Hoheitszeichen, Sinnbild*
Emotion *Gefühl*
endgültig
Epilog *Nachspiel, Nachwort*
Epos *erzählende Verdichtung;*
Heldengedicht
Erosion *u.a. Auswaschung*
Erpel *männliche Ente*
Escudo *portug. und chilen.*
Währungseinheit
Etappe
eventuell
Evolution *beständige Entwicklung*
Export
extrovertiert *nach außen*
gerichtet

F

Fabel
faszinieren
fatal
Filiale
Fond *u.a. Autorücksitz*
Fonds *u.a. zweckgebundener*
Geldvorrat
Fondue
fortschreitend
fortwährend
Fuge *u.a. Satzart in der Musik*
Fugger *schwäb. Kaufmannsge-*
schlecht im 15./16. Jh.
fundiert
Funktion

G

Galopprennbahn
Gasometer *Behälter für Leuchtgas*
gediegen
Geisha *jap. Tänzerin, Sängerin,*
Gesellschafterin
Gemäldegalerie
generell
genesen
genieren
Genre *Art; Gattung*
Geoid *math. vereinfachte Erdfigur*
Geranie *Zierpflanze*
Geriatrie *u.a. Altersheilkunde*
Gesandtschaft
Gesinde *landwirtsch. Arbeitskräfte*
gewähren
Gewandtheit
Gewehr
Geweih
Gicht
Gounod, Charles G. *Komponist*
(1818-1893)
Gracht *schmaler Kanal*
Gradierwerk *Anlage zur Salzaufbe-*
reitung
gratis
Grazie *u.a. Anmut, Eleganz*
Gutmütigkeit
Gynäkologie *Frauenheilkunde*

H

Haarschere
hämisch
Hanf
Hangar *u.a. überdachter Stellplatz*
für Flugzeuge
Heerschar
Hektik
Helium *Edelgas*
Hieroglyphen *u.a. ägypt. Bilder-*
schrift
Humanismus
Hydrant
Hymne
Hysterie *psychische Erbkrankheit*

I

ideal *u.a. vollkommen*
ideell *gedanklich; eine Idee betref-
fend*
Identifizierung
Idiosynkrasie *Überempfindlichkeit
gegen bestimmte Stoffe*
ignorieren
illustrieren
Imitation
indirekt
indiskret
Indiskretion *u.a. Mangel an
Verschwiegenheit*
Indossament *Übertragung aller
Rechte aus einem Wechsel*
infolgedessen
Integration
irden *u.a. aus Ton gefertigt*

J

Jaguar
Jasmin *Zierstrauch*
Junior

K

Kanallotse
Kapital
kaputt
Karies
Karikatur
Karosserie
Karussell
Kasino
Katalog
Katastrophe
Kitsch
kolossal
Kompromiß
Kompetenz
Kompost
konfus *u.a. verwirrt*
Konjunktur
konkurrenzfähig
Konkurs
Kontingent *u.a. Leistungsanteil*

Kontrollapparat
Konvoi *Geleitzug*
korrekt
Kosmos
Kredit
Kruzifix
Krypta *unterirdische Grabkammer*

L

Labyrinth
Laienvorstellung
lakonisch *treffend, kurz*
Laotse *chin. Philosoph*
Lasagne *ital. Nudelgericht*
Läsion *u.a. Störung der Funktion
eines Körperorganes*
Laubsägeblätter
Legende *u.a. Zeichenerklärung;
sagenhafte Geschichte*
Legierung
Legion *u.a. altröm. Heereseinheit*
Liaison *u.a. Liebesverhältnis*
liberal
Liberalisierung
limitiert *begrenzt*
logisch
Louvre *Kunstmuseum in Paris,
ehem. Schloß*
luxuriös
Luxus
Lymphe *u.a. Körperflüssigkeit*
Lyrik *u.a. Dichtungsform*

M

mästen
Mandant
mannigfaltig
Marder
Marokko
Materie
materiell
Matrix *u.a. in der Mathematik ein
Schema von Zahlen*
Methode
mimosenhaft *besonders empfindlich*
Minarett *Turm einer Moschee*

Misanthrop
Mistel
Mörser
Mohawk *nordamerik. Indianer-*
stamm
Monolith *u. a. Bauwerk aus einem*
Stein
Monopol
Moritat *Bänkellied*
Musikkapelle
Mutation *u. a. Erbänderung*

N

nachweislich
Nähmaschine
nämlich
Nautik *u. a. Seefahrtskunde*
Nihilismus *u. a. Verneinung aller*
Werte
Nitrat *Salz der Salpetersäure*
Novelle
Nylon®
Nymphe *u. a. weibl. Naturgottheit*

O

Obelisk *spitz zulaufende Säule*
Ökosystem
Offerte *u. a. Angebot*
Okular *dem Auge zugewandte Linse*
eines optischen Instrumentes
Opal *Edelsteinart*
Opposition
orientalisch
ornamental *u. a. zierend,*
schmückend
Osiris *Name eines ägypt. Gottes*
Osmose *chem. Vorgang*

P

Parallele
Parole *Losung*
Passagier
Pazifist
pedantisch *übertrieben, genau*
Perlon®
Perücke

Pestizid *Schädlingsbekämpfungs-*
mittel
Petroleum
Planck, Max *Physiker*
(1858-1947)
Plasma
Platin
Ponton *Brückenschiff*
Portemonnaie *Geldbörse*
Porzellan
Potential
Präambel *u. a. Einleitung zu einer*
Verfassung
prekär *schwierig, heikel*
Prestige *Geltung, Ansehen*
profan *u. a. alltäglich*
profund *u. a. gründlich*
Prolog *Einleitungsteil, Vorrede*
prompt *u. a. unverzüglich*
Propaganda *politische Werbung*
Prophet
Proton *Elementarteilchen*

Q

Quast *u. a. breiter Pinsel*
Quote *u. a. Anteil*

R

Radium *u. a. chem. Element*
Rasierapparat
Ration
rational *u. a. vernunftbetont*
rationell *u. a. wirtschaftlich*
reaktionär
Reflex
Rekrut *Soldat in der Ausbildung*
Renoir, Pierre A. *franz. Maler*
(1841-1919)
repräsentativ
Resistenz *Widerstandsfähigkeit*
Resolution *u. a. Entschließung*
Resonanz
revidieren *rückgängig machen*
Rhabarber
Rhododendron
Rhythmus

Rock'n'Roll
Rokoko *Baustilepoche*
Roulette
Routinier *erfahrener Praktiker*
Roxane *Ehefrau Alexanders d. Gr.*
  (gest. ca. 310 v. Chr.)

S

Sahara
Salzbrezel
sarkastisch *höhnisch, spöttisch*
Satellit
Satire
Savanne *tropische Steppe*
schaudernd
Schlämmkreide
Schwefeldioxyd
Seismograph *Erdbebenmesser*
Sekret
Sekretärin
Sektor
Selektion *u.a. Auswahl*
senil *u.a. greisenhaft*
sensibel
Sensibilität *Empfindsamkeit;*
  Einfühlungsvermögen
Sequenz *u.a. Folge;*
  Abschnitt
seriös
Silo
simulieren *u.a. vortäuschen*
sinnieren *u.a. nachdenken*
Smyrna *Stadt in der Türkei*
Spagat
Spülmaschine
Stagnation *u.a. Stillstand*
stimulieren *u.a. anregen*
Strapaze
Struktur
Subvention *u.a. finanzielle Hilfe*
subversiv *u.a. umstürzlerisch*
surreal *u.a. unwirklich*
Symbiose *u.a. biolog. Zweck-*
  gemeinschaft
symbolisch
Symmetrie

Sympathie
synchron *u.a. gleichzeitig erfolgend*

T

Taifun
Tapir *südam. und asiat.Unpaarhufer*
Theben *griechische Stadt*
These
Thorium *chem. Element*
Tigris *Strom in Vorderasien*
todkrank
Toledo *Stadt in Spanien*
Torso *u.a. unvollständige Statue*
totlachen
Toulon *Stadt in Frankreich*
Toxin *organischer Giftstoff*
Training *Übungsprogramm*
Traktat *u.a. Abhandlung*
transversal *quer verlaufend*
transzendent *u.a. übersinnlich;*
  gedanklich grenzüberschreitend
Trapez
Travestie *u.a. satirische Dich-*
  tungsart
Tresor
Tresse *gemustertes Band*
Tribut
Trift *u.a. Weide*
Trikot
Troja *prähistor. Stadt in Kleinasien*
Trophäe
trübselig
Tundra *baumlose Kältesteppe*

U

ultraviolett
unentgeltlich
ungestüm
universal
unverhohlen
unwiderstehlich
Urahnen

V

Vagabund
Vakuum

Vasall *Gefolgsmann im Mittelalter*
vehement *heftig*
Ventil
verifizieren *durch Überprüfung die*
Wahrheit bestätigen
verhöhnen
vertikal *senkrecht*
Viadukt *Brückenbauwerk*
vital
vulgär *u. a. gewöhnlich*

W
Wagnis
wahrscheinlich
widerstandsfähig
wohlwissend

X
Xylophon *Musikinstrument*

Y
Yeti *sagenumwobener*
Schneemensch
Yucca *Palmlilie*

Z
Zensor *u. a. Überprüfer der Inhalte*
von Druckwerken
zerreißen
Zivilisation
Zuschauertribüne
Zyklon *u. a. Wirbelsturm in den Tro-*
pen
Zyklone *Tiefdruckgebiet*
Zyklop *mytholog. Gestalt*
Zyklus
Zylinder

Lösungsverzeichnis

A. Staat, Politik

1.c), 2.c), 3.d), 4.b), 5.c), 6.c), 7.b), 8.b), 9.d), 10.a), 11.b), 12.a), 13.c), 14.a), 15.d), 16.b), 17.c), 18.d), 19.d), 20.c), 21.b), 22.c), 23.a), 24.b), 25.a), 26.c), 27.a), 28.c), 29.d), 30.c), 31.d), 32.b), 33.c), 34.a), 35.d), 36.c), 37.b), 38.a), 39.c), 40.b), 41.d), 42.b), 43.a), 44.b), 45.d), 46.c), 47.a), 48.c), 49.b), 50.d), 51.c), 52.b), 53.c), 54.a), 55.c), 56.d), 57.c), 58.c), 59.b), 60.a), 61.b), 62.d), 63.b), 64.c), 65.a), 66.d), 67.b), 68.a), 69.c), 70.d), 71.a), 72.b), 73.a), 74.c), 75.d), 76.c), 77.a), 78.b), 79.d), 80.b), 81.a), 82.b), 83.d), 84.c), 85.b)

Da sich die Fragen 86-90 auf aktuelle Amtsinhaber beziehen und diese Ämter einem permanenten Personalwechsel unterliegen, verzichten wir hier aus Gründen der Aktualität auf Lösungsangaben. Gewiß werden Sie die entsprechenden Namen auch so herausfinden können.

B. Gesellschaft, Wirtschaft

1.c), 2.a), 3.d), 4.a), 5.d), 6.c), 7.d), 8.b), 9.a), 10.c), 11.d), 12.b), 13.a), 14.d), 15.b), 16.c), 17.a), 18.b), 19.a), 20.b), 21.d), 22.b), 23.d), 24.c), 25.a), 26.b), 27.b), 28.d), 29.c), 30.a), 31.b), 32.d), 33.c), 34.b), 35.d), 36.a), 37.c), 38.b), 39.d), 40.c), 41.a), 42.b), 43.c), 44.d), 45.b), 46.d), 47.a), 48.c), 49.b), 50.a), 51.d), 52.c), 53.c), 54.b), 55.a), 56.d), 57.b), 58.c), 59.d), 60.a), 61.a), 62.b), 63.d), 64.b), 65.c)

Die Fragen 66-70 beziehen sich auf Daten, die ständigen Änderungen ausgesetzt sein können. Wir verzichten, wie schon im Kapitel A., auch hier auf Lösungsangaben.

C. Geschichte, Religion

1.b), 2.c), 3.d), 4.a), 5.c), 6.d), 7.b), 8.a), 9.c), 10.d), 11.a), 12.b), 13.c), 14.b), 15.d), 16.c), 17.a), 18.b), 19.d), 20.d), 21.b), 22.c), 23.d), 24.a), 25.a), 26.b), 27.d), 28.c), 29.a), 30.c), 31.b), 32.d), 33.b), 34.c), 35.d), 36.a), 37.b), 38.a), 39.c), 40.c), 41.b), 42.a), 43.d), 44.c), 45.d), 46.a), 47.a), 48.b), 49.c), 50.b), 51.a), 52.d), 53.c), 54.b), 55.c), 56.a), 57.d), 58.a), 59.b), 60.c), 61.b), 62.a), 63.d), 64.d), 65.c), 66.a), 67.b), 68.d), 69.c), 70.b), 71.d), 72.a), 73.c), 74.c), 75.d)

D. Biologie, Geographie, Astronomie

1.c), 2.d), 3.a), 4.d), 5.b), 6.c), 7.b), 8.d), 9.a), 10.a), 11.c), 12.d), 13.b), 14.c), 15.d), 16.b), 17.c), 18.d), 19.c), 20.c), 21.a), 22.b), 23.c), 24.b), 25.d), 26.a), 27.a), 28.c), 29.d), 30.c), 31.b), 32.b), 33.d), 34.a), 35.c), 36.b), 37.d), 38.b), 39.c), 40.d), 41.b), 42.c), 43.a), 44.d), 45.d), 46.a), 47.a), 48.c), 49.d), 50.d), 51.b), 52.a), 53.a), 54.c), 55.b), 56.a), 57.a), 58.c), 59.b), 60.a), 61.d), 62.a), 63.b), 64.c), 65.d), 66.c), 67.a), 68.b), 69.d), 70.c), 71.b), 72.c), 73.a), 74.d), 75.c), 76.b), 77.d), 78.c), 79.c), 80.b)

E. Chemie, Physik, Mathematik, Technik

1.c), 2.d), 3.a), 4.b), 5.d), 6.d), 7.c), 8.c), 9.d), 10.a), 11.b), 12.c), 13.d), 14.c), 15.a), 16.b), 17.d), 18.c), 19.d), 20.d), 21.a), 22.b), 23.c), 24.c), 25.a), 26.b), 27.d), 28.d), 29.a), 30.b), 31.b), 32.c), 33.d), 34.b), 35.c), 36.a), 37.c), 38.d), 39.b), 40.a), 41.c), 42.b), 43.d), 44.a), 45.c), 46.b), 47.c), 48.d), 49.b), 50.a), 51.b), 52.c), 53.a), 54.d), 55.c), 56.b), 57.d). 58.a), 59.d), 60.c)

F. Kunst, Literatur, Musik

1.d), 2.a), 3.b), 4.b), 5.a), 6.c), 7.d), 8.c), 9.a), 10.d), 11.b), 12.c),
13.a), 14.b), 15.b), 16.c), 17.d), 18.c), 19.a), 20.d), 21.d), 22.b),
23.a), 24.c), 25.d), 26.a), 27.c), 28.b), 29.a), 30.d), 31.b), 32.a),
33.d), 34.a), 35.d), 36.c), 37.b), 38.a), 39.c), 40.d), 41.b), 42.a),
43.c), 44.a), 45.b), 46.d), 47.c), 48.b), 49.a), 50.d), 51.c), 52.b),
53.d), 54.c), 55.b), 56.a), 57.d), 58.b), 59.d), 60.c), 61.a), 62.b),
63.c), 64.a), 65.d), 66.b), 67.a), 68.b), 69.c), 70.d)

G. Unterhaltung, Sport

1.d), 2.b), 3.c), 4.a), 5.b), 6.c), 7.d), 8.c), 9.b), 10.a), 11.d), 12.c),
13.b), 14.d), 15.a), 16.b), 17.c), 18.d), 19.b), 20.a), 21.c), 22.d),
23.b), 24.a), 25.c), 26.b), 27.d), 28.a), 29.c), 30.d), 31.a), 32.b),
33.a), 34.c), 35.d), 36.b), 37.a), 38.c), 39.d), 40.b)

H. Bedeutende Persönlichkeiten

1.c) 2.a), 3.d), 4.b), 5.d), 6.c), 7.c), 8.b), 9.a), 10.b), 11.c), 12.c),
13.b), 14.a), 15.a), 16.d), 17.c), 18.b), 19.a), 20.d), 21.b), 22.d),
23.a), 24.c), 25.b), 26.b), 27.d), 28.a), 29.c), 30.c), 31.b), 32.d),
33.a), 34.c), 35.b), 36.b), 37.d), 38.a), 39.c), 40.d), 41.b), 42.a),
43.d), 44.c), 45.b), 46.a), 47.c), 48.d), 49.b), 50.a), 51.d), 52.b),
53.a), 54.c), 55.d)

Auflösung Härtetest

1. Eine Anzahl von 10000, häufig auch die Bezeichnung für eine unzählig große Menge.

2. Pangäa

3. Das Wort »Beelzebub« geht auf die hebräische Bezeichnung »baal s'bub« zurück, was »Herr der Fliegen« bedeutet und eine Verunglimpfung des phönikischen Stadtgottes von Ekron durch die Israeliten war.

4. Protoindianische Völker der sibirisch-mongoliden Formengruppe, die vor ca. 40000 Jahren über eine damalig existente Landbrücke über die Beringstraße einwanderten. Sie, und nicht Kolumbus oder die Wikinger, waren also die tatsächlichen Entdecker Amerikas.

5. Als Kökkenmöddinger werden die Abfallhaufen der Steinzeitmenschen bezeichnet, die meist aus Kohle- und Knochenresten sowie aus Muschelschalen bestanden.

6. Für scheinbare, in Wirklichkeit nicht existierende Lichtempfindungen wie Blitze, Funken o.ä., hervorgerufen durch eine Reizung der Augen oder der Sehnerven (»Sternchen sehen«).

7. Der römische Kaiser Aurelian ließ das Fest zum Geburtstag des Sonnengottes Sol Invictus Heliogabalus am 25. Dezember feiern. Nachdem das Christentum als Staatsreligion eingeführt worden war, behielt man dieses Datum als einen bedeutenden Feiertag bei und legte schließlich Weihnachten auf diesen Tag.

8. Tibet

9. 13 cm

10. Robert F. Scott, beim Erreichen des Südpols am 18. Januar 1912; er starb wenige Wochen danach auf dem Rückweg.

11. Die »Out of Africa-Theorie« besagt, daß die Menschheit in einer Region der Erde, und zwar in Südostafrika, ihren Ursprung hat und sich von dort aus durch ständige Migration nach und nach über den gesamten Globus verbreitete.

12. 1 Meter

13. Nach N. Hartmann: die exakte, objektive Darstellung der Realität, d.h. der Phänomene. Nach E. Husserl: die Wissenschaft von den Bewußtseinsgegebenheiten unter Ausklammerung ihrer empirisch-zufälligen Realität. Nach Hegel: Die Lehre von den Phänomenen des Geistes, die sich durch innere Gegensätzlichkeit weiterentwickeln, sowie die Wissenschaft über das Erleben des Bewußtseins.

14. »Headhunter« ist ein Begriff aus der Wirtschaft und steht für Personalbeschaffer, die kompetente Arbeitskräfte (Köpfe) aus anderen Firmen abwerben (jagen). Die Bezeichnung steht also nicht für die Kopfjäger, die in einigen abgelegenen Regionen der Erde menschliche Köpfe aus kultischen Gründen sammeln.

15. Eine aus der Chromosphäre der Sonne herausgeschleuderte leuchtende Gasmasse. Protuberanzen können Höhen von bis zu 2 Millionen km erreichen.

16. Borussia ist die lateinische Bezeichnung für Preußen.

17. Der blaue Montag war ursprünglich die Jahresfeier einer Handwerkszunft, die an einem arbeitsfreien Montag stattfand und an der eine Gedenkmesse für die Verstorbenen abgehalten wurde, die nach der Farbe der Meßgewänder »blaue Messe« genannt wurde.

18. Apokryphen sind jüdische und christliche Schriften, die den als echt anerkannten Schriften der Bibel nicht gleichgestellt sind, jedoch ähnlich verwendet werden.

19. Die Erde um die Sonne

20. Charles Boycott (1832-1897); auf seinen Namen geht das Wort »Boykott« zurück.

21. Vorgetäuschte Frömmigkeit, Scheinheiligkeit

22. 1 Sekunde ist das 9 192 631 770fache der Periodendauer der dem Übergang zwischen den beiden Niveaus der Hyperfeinstruktur des Grundzustands von Atomen des Nuklids 133 Cs entsprechenden Strahlung.

23. Der Name Amerika geht auf den italienischen Seefahrer und Entdecker Amerigo Vespucci (1454-1512) zurück; dieser entdeckte, daß die von Kolumbus neu entdeckten Länder zu einem zusammenhängenden Kontinent gehören. Der deutsche Kosmograph M. Waldseemüller benannte nach dessen Vornamen die Neuentdeckungen 1507 »Amerika«.

24. Für eine von dem indischen Gelehrten Bodhidharma begründete Variante des Buddhismus, die im 13. Jh. von China nach Japan gelangte und dort das spirituelle Leben nachhaltig beeinflußt hat. Der Kerngedanke des Zen besagt, daß intuitive Erleuchtung ein spontanes Ereignis ist, das durch Selbstversenkung und Meditationsriten herbeigeführt wird.

25. Norma Jean Baker (1926-1962) wurde unter ihrem Künstlernamen Marilyn Monroe berühmt.

26. Australopithecus (wörtl. etwa »Südlicher Affenmensch«) ist die Bezeichnung für die afrikanische Gattung der Vormenschen (Hominiden), die vor ca. 3 Millionen Jahren in Süd- und Ostafrika existierte.

27. »Mayday!« ist ein internationales Hilfesignal im Sprechfunkverkehr und leitet sich vom französischen »M'aidez!« (Helfen Sie mir!) ab, das die Angloamerikaner fälschlicherweise »Mayday« schreiben.

28. Ayers Rock; Uluru ist der ursprüngliche Name, den die australischen Ureinwohner (Aborigines) diesem für sie heiligen Berg gaben.

29. Weil schon durch die Anwesenheit einer Person in der Vergangenheit eine gewisse Beeinflussung des Zeitgeschehens erfolgen würde. Veränderungen der abgelaufenen Zeit würden jedoch eine nicht auflösbare Absurdität verursachen; so bestünde beispielsweise die Möglichkeit, seinen Urgroßvater im Kindesalter töten. Dieser könnte somit auch keine Nachkommen haben, und deswegen würde der Zeitreisende natürlich nicht existieren.

30. Es ist der Name einer kleinen Gemeinde auf der walisischen Insel Anglesey und der längste Ortsname Europas. Das walisische Wort heißt übersetzt »St. Mary an der weißen Zitterpappel über dem wirbelnden Teich und St. Tysilio an der roten Höhle«.

Übrigens: Wirklich zum gängigen Test-Repertoire gehören die Fragen 9 und 18.